高校入試 10日でできる 英語長文【実戦】

特長と使い方

◆１日４ページずつ取り組み，10日間で高校入試直前に弱点が克服でき，実戦力を強化できます。

基本問題 基本的な問題で構文や読解力の基礎を身につけましょう。

覚えておきたい語彙や表現をまとめて掲載しています。

入試実戦テスト 入試問題を解いて，実戦力を養いましょう。

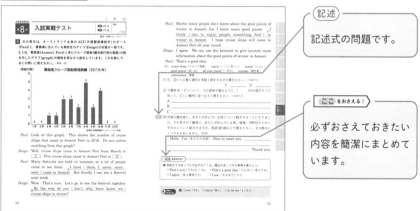

記述

記述式の問題です。

ここ をおさえる！

必ずおさえておきたい内容を簡潔にまとめています。

◆巻末には「総仕上げテスト」として，総合的な問題や，思考力が必要な問題を取り上げたテストを設けています。10日間で身につけた力を試しましょう。

1

目次と学習記録表

◆学習日と入試実戦テストの得点を記録して，自分自身の弱点を見極めましょう。

◆1回だけでなく，復習のために2回取り組むことでより理解が深まります。

本書に関する最新情報は，小社ホームページにある**本書の「サポート情報」**をご覧ください。（開設していない場合もございます。）
なお，この本の内容についての責任は小社にあり，内容に関するご質問は直接小社におよせください。

◆「英語」の出題割合と傾向

〈「英語」の出題割合〉

文法問題
語彙の問題 約3%
リスニング問題 約8%
約11%
英作文 約27%
読解問題 約52%

〈「英語」の出題傾向〉

- 問題の半数は読解問題で，長い対話文や物語，身近な話題を題材として，内容把握力や表現力が試される。
- 文法問題では，語形変化や空欄補充，同意文の書き換えなど，総合問題の中で出題されることが多い。語彙問題は，読解問題の一部として出題され，文脈を読み取る力が試される。

◆「読解問題」「リスニング問題」の出題傾向

- 読解問題では，語句や文の補充・選択，日本語での記述，空欄に合う適文の補充・選択などが出題され，最近の流行や話題を取り入れた問題も多い。
- リスニングでは，対話や英文を聞いて内容の要約を聞き取る問題が問われる。

合格への対策

◆読解問題

英文を速く正確に理解する力や文脈を読み取る力が試されます。最近の流行や話題を取り入れた文章に慣れるよう，ニュースなどをチェックしておこう。

◆英作文

設問に対する意見の多様性よりも，初歩的な英語を用いて自分の意見を読み手にわかりやすく，正確かつ的確に表現する力が求められます。

◆リスニング問題

複数の絵やグラフから，内容に合ったものを選ぶ問題が多く出題されます。日常的な場面・状況で使用される慣用的な表現が問われることも多いので，教科書の対話表現を確認しておこう。

◆文法問題

不定詞や現在完了，現在分詞・過去分詞に関するものが多い。比較や接続詞も要注意しよう。

第1日 対話文

解答→別冊1〜2ページ

1 3つの対話文があります。それぞれ与えられた状況を考え，最も適切な応答となるように，（ ）に入るものを下のア〜エから1つずつ選んで記号で答えなさい。（10点×3）〔富山〕

(1) *Ken* : You can go to the movies this afternoon, right?

　Aki : I'm sorry, I can't. I have to go to the sports park at two.

　Ken : (　　　)

　Aki : My brother's soccer team will play the final game there.

　(注) final game「決勝戦」

　ア　Oh, who?　　　　　　　イ　Oh, when?

　ウ　Oh, where?　　　　　　エ　Oh, why?　　　　　　[　　]

(2) *Alex* : Can I use your computer?

　Miki : (　　　) But not now.

　Alex : Oh, when it is OK, please tell me.

　(注) computer「コンピュータ」

　ア　No, you can't.　　　　　イ　Here you are.

　ウ　Yes, of course.　　　　 エ　It's my computer.　　[　　]

(3) *Mother* : Will you help me?

　　John : Sure. (　　　)

　Mother : Come to the kitchen and cut the potatoes.

　(注) kitchen「台所」　　potato「じゃがいも」

　ア　Where do you want to go?

　イ　What do you want me to do?

　ウ　Where shall we eat?

　エ　What food do you want to buy?　　　　　　[　　]

4

2 次の(1)，(2)の問いに答えなさい。〔愛媛〕

(1) 次の①〜③の対話文の（　）にあてはまる最も適当な語を１語ずつ入れて対話文を完成させなさい。ただし，それぞれ与えられた文字で始まる語を入れること。（10点×3）

① A : How long have you lived in Ehime?
B : For five years. I've lived here (s　　　) 2006.

② A : This is a nice bike. Whose bike is it?
B : It's (m　　　). My father bought it for me yesterday.

③ A : May I visit your house tomorrow afternoon?
B : Sure. Can you come (b　　　) two and three o'clock?
A : Yes. I'll come at two thirty.

①　＿＿＿＿＿　②　＿＿＿＿＿　③　＿＿＿＿＿

(2) 次の①，②の対話文の意味が通るように，（　）内の語句を正しく並べかえ，記号で答えなさい。（20点×2）

① A : How was your trip to Australia?
B : That was great. The people (ア the hotel　イ were　ウ at　エ working) very kind.

[　　]→[　　]→[　　]→[　　]

② A : I'm looking for a bag for my mother.
B : How about this?
A : It's a little small. Do you (ア one　イ a　ウ have　エ bigger)?

[　　]→[　　]→[　　]→[　　]

Check Points

● 対話文では，完全でない文(Oh, why? など)がよく用いられる。前後をよく読んで，**文脈を理解すること**が大切である。
また，**定型表現**(場面特有の決まった表現)は，そのつど覚えておくようにしよう。

1 □ movie「映画」　□ of course「もちろん」
2 □ trip「旅行」

5

第1日 入試実戦テスト

時間 40分　合格 70点　得点 ／100

解答→別冊 2 ～ 3 ページ

1 次の各文を読んで，後の問いに答えなさい。〔東京―改〕

(1) Katherine と Hitomi がサラダを作ろうと相談しています。次の図は材料として 2 人が使える野菜を示し，同じ種類のものが大小 1 つずつあります。

daikon	tomato	onion	potato

Katherine : Let's make salad with these vegetables, Hitomi.

Hitomi : OK. I love potatoes. So let's boil the (　ⓐ　) one. I want to eat a lot.

Katherine : Me, too. How about tomatoes? The big one looks better than the small one.

Hitomi : I agree. And onions? I like onions very much. Let's use the big one.

Katherine : Well, I think the (　ⓑ　) one will be enough. Look. The big one is really big!

Hitomi : OK. Let's use the small one. And which *daikon* should we use? I don't think we need a big one.

Katherine : (　ⓒ　) The small one will be enough.

(注) vegetable「野菜」　boil「ゆでる」

① (　ⓐ　), (　ⓑ　)にそれぞれ入る語の組み合わせとして正しいものを**ア〜エ**から 1 つ選び，記号で答えなさい。(30点)　　　[　　　]

ア ⓐ big　ⓑ small　　　　**イ** ⓐ small　ⓑ big

ウ ⓐ big　ⓑ big　　　　　**エ** ⓐ small　ⓑ small

② (　ⓒ　)に適する文を 1 つ選び，記号で答えなさい。(20点)　　　[　　　]

ア Yes, I do.　　　　　　　**イ** You're right.

ウ We need a big one.　　　**エ** I like *daikon* very much.

(2) Tomoki は放課後に Steve からもらったメモを見ながら Mary と話しています。枠内の英文は Tomoki が Steve からもらったメモです。

Tomoki : Steve and I are going to go to a kindergarten to do volunteer work tomorrow.

Mary : What time will the work start?

Tomoki : It will start at nine. We will arrive at the kindergarten about (ⓐ).

Mary : I see.

Tomoki : Oh, I have to call Steve to ask what I need tomorrow. What time is it now?

Mary : It's five o'clock. Will you call him soon?

Tomoki : No. I will call him after (ⓑ).

To Tomoki
About tomorrow's volunteer work
- start at 9:00 a.m.
- come to my house first
- it's about thirty minutes from my house to the kindergarten
- leave my house at 8:15 a.m.

If you have any questions, call me before 4:30 p.m. or after 6:30 p.m. today.   Steve

---

（注） kindergarten 幼稚園

① (ⓐ), (ⓑ)にそれぞれ入る語句の組み合わせとして正しいものをア～エから1つ選び，記号で答えなさい。(30点)   [   ]

ア ⓐ eight forty-five   ⓑ six thirty

イ ⓐ eight fifteen   ⓑ six thirty

ウ ⓐ eight fifteen   ⓑ four thirty

エ ⓐ eight forty-five   ⓑ four thirty

② Tomoki は Steve に電話で何をたずねようとしているか，日本語で答えなさい。(20点)

[   ]

 Key Words   **1** □ onion「たまねぎ」 □ volunteer work「ボランティア活動」

第2日 手紙・メール

時間 40分

得点 /100

解答→別冊3ページ

1 次の文を読んで，後の問いに答えなさい。〔埼玉一改〕

Hi Becky!

Thank you for your e-mail. Reading it was fun. In your message you asked me two questions, so I'll answer them.

First, the Japanese school year begins in April. That means that we start school in (①). [ⓐ] I like this season the best because there are a lot of flowers. I was surprised to hear that your school year begins in February. Is that a good time of year to visit your country? [ⓑ]

Next, about national colors. I didn't know that a lot of ②(country) have their own colors. I don't think we have national colors here in Japan, but I think blue is the best for our country. [ⓒ] I'll tell you. Japan is on the beautiful blue sea. That's it for now. I'll soon write to you again.

Your friend,
Kaori

(1) 本文中に **Do you want to know why?** という1文を入れるにはどこが最も適切か，[ⓐ]～[ⓒ]から1つ選び，記号で答えなさい。(10点)

[   ]

(2) (①)にあてはまる語を次から選び，記号で答えなさい。(10点) [   ]

ア spring　イ summer　ウ fall　エ winter

(3) ②(country)を適切な形になおしなさい。(10点) ＿＿＿＿＿＿

(4) この英文を書いた目的として最も適切なものを次から選び，記号で答えなさい。(10点)

[   ]

ア 外国人に自己紹介をするため　イ 相手からの質問に答えるため
ウ 訪問した時のお礼を言うため　エ 日本での海水浴に招待するため

2 次の文は太郎の日記です。これを読んで，後の問いに答えなさい。〔仙台育英高〕

Saturday, July 2. Fine.

I had (①) classes today.

My first class was math. I enjoyed the class. Mr. Kato taught it to us. He is always very funny.

We had no class for the second period, because Miss Yamada was absent. I went to the library with my classmates, and read some history books.

English was my third class. We listened (②) the tape. And we repeated after the tape. After that we did the test. English is my favorite subject. I like it best of all.

The last period was history. Mr. Takeda just talked and talked. We just sat and listened. The class was all silent. I was sleepy.

After lunch I played tennis with Tomoko.

I left school at 2:00.

(1) (①), (②)に最も適する語をそれぞれ次から選び，記号で答えなさい。(10点×2)　　　　　　　　　　　　　　　　　①[　　] ②[　　]

① ア　one　　イ　two　　ウ　three　　エ　four　　オ　five

② ア　in　　イ　on　　ウ　to　　　　エ　for　　オ　from

(2) 次の質問に対する答えとして最も適するものをそれぞれ下から選び，記号で答えなさい。(20点×2)

① What subject does Taro like best?　　　　　　　　　　[　　]

　ア　He likes math best.　　　イ　He likes English best.

　ウ　He likes history best.　　エ　He likes science best.

② What was the last period?　　　　　　　　　　　　　　[　　]

　ア　Math.　　　　イ　English.　　　ウ　History.

　エ　Science.　　　オ　Japanese.

Check Points

● **英文を書くとき**は文型を考えることが大切である。英文の基本となるのは〈主語＋動詞〉の部分だから，まずここを決めてから書き始めるとよい。
That picture is very beautiful. 「あの絵はとてもきれいです。」
I want to play tennis with you. 「私はあなたとテニスをしたい。」
I think that laughter is important. 「笑いは大切だと思います。」

 Key Words　　 ① □ national 「国の，国を代表する」
② □ funny 「おもしろい」　　□ absent 「欠席の」
□ favorite 「いちばん好きな」　　□ silent 「静かな」　　□ sleepy 「眠い」

9

入試実戦テスト

⏱ **時間** 40分
✓ **合格** 80点

得点
／100

解答→別冊3〜4ページ

1 次の文は，オーストラリアのシドニーに住む Jones 夫妻の家でホームステイをしている太郎と，お母さんとの e-mail(電子メール)のやりとりです。これを読んで，後の問いに答えなさい。〔香川〕

Hi, Mom!

I'm having a great time here in Sydney. Mr. and Mrs. Jones are very kind to me, and they take me to interesting places.

Yesterday we went to a beautiful lake. I ①(catch) a big fish there. ②It was (large, hand, as, as, my, twice).

We'll go to a wildlife park this weekend. ③There, (ぼくは，オーストラリアにだけすんでいるぼくのお気に入りの動物たちに会うことができます). I can't wait to touch kangaroos for the first time!

Taro

Hi, Taro.

I enjoyed your e-mail. You're spending nice days in Australia.

(④) interesting places is one of the important purposes of your homestay, but I think you also have a lot of important things to learn in and around your home. ⑤(want, tell, I, me, about, you, to) your life at home.

Mother

Hi, Mom, again!

Thanks for your good advice. (⑥) I got your e-mail, I have helped Mr. and Mrs. Jones. I didn't help you very much, but I decided to help them with their (⑦). For

example, I clean the house and ⑧go (　　) with Mr. Jones. I make my bed and make meals with Mrs. Jones. I've learned a lot from them.

　　Mom, I have big news. ⑨昨夜，ぼくの誕生パーティーが開かれました。 Mr. and Mrs. Jones gave me a nice sweater as a present. I'll make *udon* for them tomorrow. I hope they will like it.

Taro

(注)　wildlife park「野生動物公園」　touch「触れる」　advice「忠告」
　　　decide to ～「～することにする」　meal「食事」　*udon*「うどん」

(1) ①の（　）内の語を，最も適当な1語になおしなさい。(8点)

　　　　　　　　　　　　　　　　　　　　　　　　　_____

(2) 下線部②の意味が通るように，（　）内の語を並べかえなさい。(10点)

　　It was _____.

(3) 下線部③の（　）内の日本文を英語になおしなさい。(20点)

　　There, _____.

(4) （　④　）に最も適当な語を1つ選び，記号で答えなさい。(8点)

　　ア Visiting　イ Going　ウ Moving　エ Playing［　　　］

(5) 下線部⑤の意味が通るように，（　）内の語を並べかえなさい。(10点)

　　_____ your life at home.

(6) （　⑥　）に最も適当な語を1つ選び，記号で答えなさい。(8点)

　　ア If　　　　イ When　　ウ Since　　エ While［　　　］

(7) （　⑦　）に最も適当な語を1つ選び，記号で答えなさい。(8点)

　　ア volunteer　　　　イ housework　　　　　　［　　　］
　　ウ problem　　　　エ pollution

(8) 下線部⑧が「買い物に行く」という意味になるように，（　）に最も適当な1語を書きなさい。(8点)

　　　　　　　　　　　　　　　　　　　　　　　　_____

(9) 下線部⑨の日本文を英語になおしなさい。(20点)

　　_____

Key Words　**1** □ spend「過ごす」　□ purpose「目的」　□ sweater「セーター」

第3日 スピーチ

解答→別冊 4 〜 5 ページ

1 「私の好きなこと」についての和也さんのスピーチを読んで，後の問いに答えなさい。〔滋賀一改〕

I like to play the piano. I started to have piano lessons when I was five years old. Since then, I have practiced the piano very hard.

Last month, my classmates and I visited a kindergarten as volunteers. I played the piano and my friends sang some songs which are (①) among small children. When the children listened to our music, they began to dance to it. Their happy faces made us happy, too.

I understand ②why people love music so much. It can bring a lot of joy to people who play music and people who listen to it.

(注) lesson(s)「練習」　classmate(s)「同級生」　kindergarten「幼稚園」
dance to 〜「〜にあわせて踊る」　joy「喜び」

(1) (①)に入れる適当な語を 1 つ選び，記号で答えなさい。(10点) [　　　]
　ア difficult　イ easy　ウ popular　エ beautiful

(2) 下線部②の「なぜ人々が音楽をとても愛するのか」ということについて，和也さんはその理由をどう説明しているか，日本語で書きなさい。(15点)
　[　　　　　　　　　　　　　　　　　　　　　　　　　　　　]

(記述) (3) あなたの「好きなこと」を 1 つあげ，その理由もあわせて 2 文以上の英文で書きなさい。(20点)

_____

_____

2 次の文は中学生の明君が授業で行ったスピーチです。これを読んで，後の問いに答えなさい。〔大分一改〕

I'm going to talk about my dream. I want to be a teacher for young children in the future. Do you think it is strange ①(ア be　イ for　ウ to　エ a boy) a nursery school teacher?

Last October I visited a nursery school in our town.

One of the teachers introduced me to the children in the room. I said, "(②) Let's play together today." At first they were interested in me, but soon they began to play in their own way. I asked a teacher what I should do. "Why don't you ③(ア like イ something ウ draw エ children)?" she said.

Doraemon is popular among children. I began to draw him on ④(____)(____)(____) paper. Then one boy came to me and looked at the picture. When I finished, I gave it to him. He took it and ran to the other children. They liked it and asked me to play with them. We played games and sang songs. I had lunch with them at noon. It was very nice.

Now (⑤) in that nursery school. But in the near future, both men and women will work together. I will study more about children and want to work for them.

Thank you.

（注）　nursery school「保育園」　　at first「はじめのうちは」

(1) 下線部①，③の（　）内の語を正しく並べかえ，記号で答えなさい。（10点×2）

①[　→ 　→ 　→ 　] ③[　→ 　→ 　→ 　]

(2) （　②　）にあてはまる文を次から１つ選び，記号で答えなさい。（10点）

　　ア　I'm sorry.　　　　　　　　イ　Nice to meet you.　[　]
　　ウ　You are welcome.　　　　エ　May I help you?

(3) 下線部④が「１枚の紙」の意味になるように，（　）に適する語を答えなさい。

　　　（10点）　　_____　_____　_____

(4) （　⑤　）にあてはまるものを次から１つ選び，記号で答えなさい。（15点）

　　ア　there is no woman　　　　イ　there is no man　　[　]
　　ウ　there are many men
　　エ　there are a lot of men and women

Key Words
1 □ sang は sing「歌う」の過去形
2 □ future「将来」　□ draw「(絵を)かく」

入試実戦テスト

時間 40分　合格 80点　得点 ／100

解答→別冊6ページ

1 次の文は，高校生の由紀子(**Yukiko**)が英語の授業でスピーチをするために書いたものです。これを読んで，後の問いに答えなさい。〔熊本—改〕

I am a member of the English club. There are seven students in our club. I joined this club because I wanted to be a good speaker of English. So I practice speaking English very hard. We have club activities on Monday, Wednesday and Friday. Our English teacher, Mr. Brown, joined us and we had a great time. But this summer he went back to America and a new English teacher came to our school. His name is Mr. Smith and he is from the UK.

When Mr. Smith joined our club for the first time, he talked about his hobbies, his family and life in his country. We told him about our English club, our school life and Kumamoto. We enjoyed talking with him in English. During our conversation, I found that some of his words were different from the words Mr. Brown used. So I said to him, "Some words you use are different from Mr. Brown's words." Then he said, "My English is called British English and Mr. Brown's English is American English. My English and his English are basically the same, but there are some differences in the words." Then he showed some examples.

Please look at this table. This is the table I made for this speech. This is a table of different words with the (①) meaning. I think that we are using a lot of words from American English. For

Table

意味	イギリス英語	アメリカ英語
アパート	flat	apartment
サッカー	football	soccer
(建物の)2階	first floor	second floor
(建物の)1階	ground floor	first floor
ガソリン	petrol	gasoline
キャンディー	sweets	candy
地下鉄	underground	subway

example, we use the words, *apâto*, *gasorin*, and *kyandî*, and these Japanese words come from American English.

At the end of the club activity on that day, Mr. Smith said, "There are many varieties of English used in many different countries. Now you are practicing English very hard but you should not forget that English is a language. Learning a language is not only speaking. It also means to learn about many different cultures and different ways of thinking."

I was glad to hear his story. He gave me ②another reason for studying English.

(注)　speaker「話す人」　　the UK「イギリス」　　hobby「趣味」　　conversation「会話」
be different from ～「～と違う」　　British「イギリスの」　　basically「基本的に」
table「表」　　meaning「意味」　　variety「種類」　　way「方法」　　reason「理由」

(1) 本文の内容について，次の質問にそれぞれ英語で答えなさい。(15点×2)

① How many students are there in the English club?

_____

② What did Yukiko find about Mr. Smith's English?

_____

(2) (①)に入る最も適当な語を本文から抜き出しなさい。(10点)

_____

(3) 下線部②の内容を日本語で書きなさい。(30点)

[　　　　　　　　　　　　　　　　　　　　　　　　　　]

(4) 本文および **Table** の内容に合っているものを2つ選び，記号で答えなさい。

(15点×2)　[　　][　　]

ア　The members of the English club have club activities at school every day.

イ　Mr. Brown and Mr. Smith came from America.

ウ　Mr. Smith talked about his life in the UK to the students of the English club.

エ　Mr. Smith made the table for Yukiko's speech.

オ　The "first floor" in British English means the "second floor" in American English.

第4日 物語文

1 次の英文は，カナダに住む中学生のブライアンさんが，国際交流協会のウェブサイトに投稿した文章である。これを読んで，後の問いに答えなさい。

〔徳島―改〕

The Things I Learned at Camp

Last summer, I joined this international exchange program. This program gave me a chance to change myself. ①

During this program, I planned parties and camps with people from other countries and of different ages. I was afraid of expressing myself, and I didn't know what to do. One older member told me, "Everyone has something special they can do. ② Why don't you try to find the thing that makes you special?" I like music, so I decided to play the guitar for everyone. At one of the camps, I played the guitar. Then everyone started singing. It was really amazing, and I was very glad to see their happy faces. ③ After the camp, we enjoyed talking about the things we like.

By showing everyone the things I like, I could express myself and talk with the others. I was able to change my world a little. I think you have something special too. Why don't you try to find it? ④

（注） camp(s)「キャンプ」　exchange「交流」　myself「私自身」　age(s)「年齢」
　　　express 〜「〜を表現する」

(1) 次の英文は，本文中から抜き出したものである。この英文を入れる最も適切なところを，本文中の ① 〜 ④ から選びなさい。(20点) 　[　　　]

You will have a lot of fun experiences.

(2) ブライアンさんが本文中で一番伝えたいことはどのようなことか，最も適するものを，次から1つ選び，記号で答えなさい。(20点) 　[　　　]

　ア　Don't be afraid of expressing yourself.

　イ　Don't be afraid of meeting new people.

　ウ　Let's try to make new friends.

　エ　Let's try to play an instrument.

2 次の文は，明男が石巻市に住んでいる祖母に会いに行ったときのことについて書かれたものです。これを読んで，後の問いに答えなさい。〔宮城—改〕

Akio goes to a junior high school in Sendai. He plays baseball after school. He is very busy with his studying and his baseball club. He has a grandmother ①(ア which イ who ウ whose) is 65 years old. She lives alone in Ishinomaki. She can't walk well because she was injured in a car accident last year. He has been worried about his grandmother.

②One Sunday morning it was raining so hard that he couldn't play baseball. He said to his mother, "Mother, I will go to see my grandmother today. I haven't ③(see) her for a long time." Akio's mother said, "That's a good idea. I think she also wants to see you." Soon Akio ④(take) a train for Ishinomaki. It was still raining hard, but he didn't care.

When his grandmother saw him, she said, "Oh, you are Akio, aren't you? Are you fine? Do you play baseball every day?" Her face was full of smiles. She was ⑤(ア so イ such ウ too) happy to stop asking questions. Akio answered all her questions and talked about his school life.

(注) grandmother「おばあちゃん」　alone「一人で」　be injured「けがをする」
a car accident「車の事故」　smile(s)「ほほえみ」

(1) ①，⑤の( )内から適する語を選び，記号で答えなさい。(10点×2)

①[　　] ⑤[　　]

(2) 下線部②を次のように書きかえるとき，____に入る語を答えなさい。(20点)

One Sunday morning it was raining _____ hard for _____ _____ play baseball.

(3) ③，④の( )内の語を適する形にかえなさい。(10点×2)

③ _____ ④ _____

Q Key Words
1 □ be able to ～「～することができる」
2 □ care「気にする，心配する」

17

時間 40分　　**合格** 80点　得点 　／100

解答→別冊8〜9ページ

1 次の文を読んで，後の問いに答えなさい。〔茨城―改〕

In August this year Maki and her sister, Kumiko went to their grandmother's house in Hokkaido. Every summer their family goes there and stays for about a week, but this summer only the sisters went. Their father and mother could not have a long vacation because they had to work. Maki and Kumiko knew how to get to their grandmother's house so they were not afraid of anything. Kumiko said, "I want to go to that river again." "Me, too. You got a big fish last year. That was fun," Maki said. They were excited while they were thinking about the trip.

Just before the trip, Maki's leg was injured when she was playing basketball. The injury was not so serious, but it was difficult for her to walk for a long time. Maki did not want to give up her trip. So her father got a wheelchair for her. It was not hard for her to use it. Kumiko said to her father, "I will help and push her. Don't worry."

The wheelchair worked well all through their trip, because there were ramps and elevators in many public places like stations, parks and stores. But they had some problems. Maki's view was really different from the wheelchair. She felt that she was like a small child. She always looked up and it made her very tired. When they went to a crowded place, Maki was frightened because she could not get through easily. "These people don't know that a girl in a wheelchair is here," Maki thought, and then said in a loud voice, "Excuse me! Let us through." Then some people looked at Maki and Kumiko. One of them spoke to the sisters, "Oh, sorry. Are you OK?" Others tried to help the sisters with the wheelchair and took them in the right direction. Maki said, "Thank you," and some of them said, "You're welcome. Have a nice day."

The trip to Hokkaido was wonderful to the sisters this year, too. It was very important for them. Kumiko said to her father and mother, "There are people in need around us. They may be just next to us." Then Maki said, "That's right. (　　　)."

（注）　leg「脚」　injury「けが」　serious「深刻な」　give up「～をあきらめる」
　　　　wheelchair「車いす」　push「～を押す」　ramp(s)「段差のない通路」
　　　　elevator(s)「エレベーター」　get through「進む」　easily「簡単に」
　　　　Let us through.「通してください。」　in the right direction「適切な方向へ」

(1) 本文の内容に合うものを次から2つ選び，記号で答えなさい。(20点×2)

[　　] [　　]

　　ア　Maki's sister, Kumiko went to Hokkaido in August this year alone.
　　イ　Maki and Kumiko knew how they could go to their grandmother's house.
　　ウ　Maki thought that it was difficult to move in the wheelchair before the trip.
　　エ　Maki felt tired during the trip because she was always looking up from the wheelchair.
　　オ　In the crowded place Maki was frightened because she was a stranger there.

(2) 次の質問に，それぞれ3語以上の英文で答えなさい。(20点×2)

　　① Did Kumiko's father and mother go to her grandmother's house in August this year?

　　＿＿＿＿＿＿＿＿＿＿＿＿＿＿＿＿＿＿＿＿＿＿＿＿

　　② How were Maki and Kumiko when they were thinking about a plan for the trip?

(3) (　)に入るものを次から1つ選び，記号で答えなさい。(20点)　[　　]

　　ア　I want to think more about the people around me
　　イ　It is dangerous for them to travel alone
　　ウ　We should learn more about wheelchairs

Key Words　■　□ vacation「休暇」　□ view「視野」　□ crowded「込み合った」

19

第5日 説明文 ① ―社会問題―

解答→別冊9ページ

1 次の対話文を読んで，後の問いに答えなさい。〔岡山―改〕

Kate : (①) many times did you laugh today?

Sachiko : I don't remember. (②) do you ask such a question?

Kate : Well, laughter makes us happy. It makes us healthy too. (③)

Sachiko : You mean laughter is useful to sick people?

Kate : That's right. Last year a famous doctor came to Japan and he talked about laughter. He is a doctor who uses laughter as one of the ways to cure sick people. He thinks that laughter is as important as water. One day, he saw sick children in his hospital and wanted them to laugh. So he put a small red ball on his nose and became a clown. (④) the children saw him, they started to laugh.

Sachiko : It's a very interesting story!

（注） laughter「笑い」　healthy「健康な」　cure ~「~を治療する」
put は put「~をつける」の過去形　ball「玉」　clown「ピエロ」

(1) (①), (②), (④)に適するものを次から選びなさい。（10点×3）

〔 When, Where, Who, What, Why, How 〕

① ＿＿＿＿＿　② ＿＿＿＿＿　④ ＿＿＿＿＿

(2) (③)に最も適するものを1つ選び，記号で答えなさい。（12点）〔　　〕

ア　Sick people never become healthy by laughing.

イ　Healthy people never become happy by laughing.

ウ　Sick people sometimes get well by laughing.

エ　Healthy people sometimes become sick by laughing.

(3) 〔　〕に適当な日本語を入れて，問いに対する答えを完成しなさい。（16点）

Why did the famous doctor put a small red ball on his nose and become a clown?

〔答え〕　なぜなら，〔　　　　　　　　　　　　　　　　　〕から。

20

2 次は，**Shin** とオーストラリアから来た留学生の **Beth** との対話の一部である。2 人は，紙幣(banknote)について話をしている。これを読んで，後の問いに答えなさい。〔山口―改〕

Beth : Shin, this is a banknote of Australia. It's made of special plastic.

Shin : Special plastic?

Beth : Yes. It's ①(strong) than paper, so people can use it for a long time.

Shin : That's great.

Beth : I'm interested in ②(you / the banknotes / in / use) Japan. They are also ③special, right?

Shin : What do you ④ ?

Beth : They have wonderful pictures. For example, the picture of Mt. Fuji on the banknote is so beautiful.

Shin : Wow, it's interesting to learn about the banknotes ⑤ in each country.

(1) 下線部①の( )の中の語を，適切な形にして，英語 1 語で書きなさい。(12点)

_____

(2) 下線部②の( )の中の語句を，本文の内容に合うように並べかえなさい。

(10点)

I'm interested in _____ Japan.

(3) 下線部③の理由を日本語で書きなさい。(10点)

[   ]

(4) ④と⑤に入る最も適切なものを，それぞれ**ア**～**エ**から選び，記号で答えなさい。(5点×2)　　　　　④[　　] ⑤[　　]

④ ア support　　イ mean
　 ウ cover　　　エ produce

⑤ ア use　　　　イ uses
　 ウ using　　　エ used

----

1 □ laugh「笑う」　□ sick「病気の」　□ hospital「病院」
2 □ special「特別な」　□ strong「強い」

入試実戦テスト

時間 40分　合格 80点　得点 /100

解答→別冊 10 ～ 11 ページ

1 次の会話文を読んで，後の問いに答えなさい。〔愛知―改〕

Aya : Tom, can I talk with you now?

Tom : No problem. What happened?

Aya : Well, the TV news I watched last night surprised me very much. It was about some foreign people here who were afraid of living in Japan (A) of earthquakes. Tom, what do you think about it?

Tom : I think that many foreign people haven't experienced big earthquakes in their own countries. ①They should know how to protect themselves in (　　　) of an earthquake.

Aya : I see. Tom, do you worry about earthquakes here?

Tom : ☐ a ☐ I've experienced evacuation drills at school and in our town. I can only understand the Japanese language a little, so I don't know what to do when we have earthquakes in Japan.

Aya : ☐ b ☐ ②I think many foreign people have the same impressions of Japan (　　　) you. What should we do about that?

Tom : ☐ c ☐ If they don't understand Japanese well, they can't get all of the information that they need. So we need more pictures to show instructions in an emergency.

Aya : ☐ d ☐

Tom : Exactly. They are things like "universal designs" we learned in our art class.

Aya : I think so, too. They'll be helpful to people who can't read Japanese well.

Tom : Aya, why don't you walk around the town with me?

Aya : OK, but why?

Tom : Because I want to find something they need for their safety.

Aya : Sounds good! We should understand that they can't read important signs written in Japanese. Let's go walking

around the town to find them!

Tom : ⬚ e ⬚ It'll be sunny and warm here tomorrow.

Aya : OK.　Let's meet in front of our school at 10 a.m.

Tom : OK.　Thank you very much, Aya.　See you then.

(注)　impression「印象」　　instruction「指示，説明」　　safety「安全」

(1) 次のア〜オまでの英文を，⬚ a ⬚〜⬚ e ⬚までにあてはめて，会話の文として最も適当なものにするには，⬚ a ⬚，⬚ c ⬚，⬚ e ⬚にどれを入れたらよいか。(10点×3)　　　　　　　　　a [　　] c [　　] e [　　]

　ア　You mean signs everyone can understand easily are necessary, right?

　イ　Yes, I do.　Actually, I worry about them.

　ウ　How about tomorrow morning?

　エ　I think their biggest problem is language.

　オ　I understand you.

(2) (　A　)にあてはまる最も適当な語を1つ選び，記号を書きなさい。(10点)

　ア　when　　　イ　because　　　ウ　instead　　　エ　most　[　　]

(3) 下線部①，②の(　)にあてはまる語を書きなさい。(15点×2)

　　　　　　　　　　　　　　　　　　　①　＿＿＿＿＿＿　②　＿＿＿＿＿＿

(4) 次の英文は，この会話が行われた日の夜，トム(Tom)がクラスの友人たちに送ったメールである。次の(　③　)，(　④　)にあてはまる語を書きなさい。(15点×2)　　　　　　　　　③　＿＿＿＿＿＿　④　＿＿＿＿＿＿

Hi, my friends.

Tomorrow, I will walk around the town with Aya.

She wants to help some foreign people who (　③　) around here.

Some of them worry about earthquakes in Japan.

They don't know what to do in an emergency.

They also can't understand the Japanese language well.

Aya and I think more pictures for safety are (　④　) in this town.

They'll help people who can't read Japanese well.

See you,

Tom

Key Words　　　1 □ experience「経験する」　　□ protect「守る」

23

第6日 説明文 ② ―環境問題―

解答→別冊 11 〜 12 ページ

1 次の文を読んで，後の問いに答えなさい。〔高知―改〕

I love turtles. ①(the / see / we / beach / can / them / on) in my town. But many turtles die because they eat plastic bags in the sea. Why do turtles eat plastic bags? My friend says, "Turtles eat jellyfish. Plastic bags look like jellyfish." However, I found an interesting story on the Internet yesterday. It said, "There are a lot of plastic bags in the sea. ②Turtles (bags / the / eat / plastic / of / smell / because). Some old plastic bags smell like turtles' food."

Is the true answer the appearance or the smell of plastic bags? I don't know. But I know that [＿＿＿＿＿＿＿]. It is also bad for the environment. We should not use plastic bags. I think ③(to / life / a / lead / will / this / safer) for animals in the future.

（注） turtle(s)「ウミガメ」　jellyfish「クラゲ」　turtles'「ウミガメの」 appearance「見た目」

(1) 下線部①〜③の（ ）内の語を並べかえなさい。ただし，文頭にくる語も小文字で示してある。（10点×3）

① ＿＿＿＿＿＿＿＿＿＿＿＿＿＿＿＿＿＿＿＿＿＿ in my town.

② Turtles ＿＿＿＿＿＿＿＿＿＿＿＿＿＿＿＿＿＿＿＿＿.

③ I think ＿＿＿＿＿＿＿＿＿＿＿＿＿＿＿＿＿＿＿＿ for animals in the future.

(2) 本文中の[＿＿]に入る最も適切なものを，下の**ア〜エ**から 1 つ選び，その記号を書きなさい。（15点）　　　　　　　　[　　　]

　ア the smell of old plastic bags is different from turtles' food

　イ sea animals don't eat old plastic bags

　ウ there are few plastic bags in the sea

　エ throwing away plastic bags is dangerous for sea animals

24

2 次の文を読んで，後の問いに答えなさい。〔千葉―改〕

There are many people here in Japan and a lot of trees are used in our lives every day. (①), we need trees to build houses and to make furniture. We need trees to make paper for books, comics and newspapers, too.

Where do we get the trees (ⓐ) are used in our lives? We get some trees in Japan, and some trees from foreign countries. A lot of trees are cut down in many places, but growing trees is not (②) because it takes a long time for us to grow them.

Cutting down too many trees causes some problems. What is happening on the earth by cutting down too many trees? Can you think (③) anything? By cutting down trees, we are taking away animals' places to live in. Some animals will die without their homes. The earth is becoming warmer by cutting down too many trees, too.

(注) furniture「家具」 comic(s)「漫画」 newspaper(s)「新聞」 foreign「外国の」
cut down「切り倒す」 cause「引き起こす」 take away 〜「〜を奪う」

(1) 本文の内容に合うように，(①)〜(③)に入れるものをそれぞれ選び，記号で答えなさい。(10点×3) ①[   ] ②[   ] ③[   ]
　①ア　At last　イ　Each other　ウ　More than　エ　For example
　②ア　easy　イ　important　ウ　cold　エ　warm
　③ア　by　イ　at　ウ　of　エ　in

(2) (ⓐ)にあてはまる語を次から選び，記号で答えなさい。(10点) [   ]
　ア　who　イ　what　ウ　which　エ　how

(3) 本文の内容に合わないものを次から選び，記号で答えなさい。(15点) [   ]
　ア　木はさまざまなことに使われている。
　イ　木から紙がつくられる。
　ウ　日本で使われる木はすべて日本の木である。
　エ　木を多く切り倒すと多くの問題が起こる。

---

1 □ look like 〜「〜のように見える」　□ environment「環境」
2 □ build「建てる」　□ grow「育てる」　□ warm「暖かい」

入試実戦テスト

時間 30 分　**合格** 80 点　得点 /100

解答→別冊 12 ～ 13 ページ

1 次の英文を読んで，あとの問いに答えなさい。〔栃木一改〕

Many people love bananas. You can find many ☐ A ☐ to eat them around the world. For example, some people put them in cakes, juice, salads, and even in soup. Bananas are also very healthy and they have other good points. In fact, bananas may solve the problems about plastic.

Some people in India have used banana leaves as plates, but those plates can be used only for a few days. Today, like people in other countries, people in India ①(of / using / things / are / many / made / plastic). For example, they use plastic plates. After the plates are used, they are usually thrown away. That has been a big problem. One day, an Indian boy decided to ②solve the problem. He wanted to make banana leaves stronger and use banana leaf plates longer. He studied about banana leaves, and finally he succeeded. Now, they can reduce the plastic waste.

This is not all. A girl in Turkey wanted to reduce plastic made from oil. Then she focused on banana peels because many people in the world throw them away. Finally, she found how to make plastic which is kind to the earth. Before she found it, she tried many times at home. After two years' effort, she was able to make that kind of plastic. She says that it is easy to make plastic from banana peels, so everyone ☐ B ☐.

Now, you understand the wonderful points bananas have. Bananas are a popular food and, at the same time, they can save the earth.

（注）　solve「解決する」　　leaves「leaf(葉)の複数形」　　throw ～ away「～を捨てる」
　　　　succeed「成功する」　　Turkey「トルコ」　　focus on ～「～に注目する」
　　　　peel「皮」

(1) 本文中の　A　に入る語として，最も適切なものはどれか。(20点) [　　]

　　ア　days　　イ　fruits　　ウ　trees　　エ　ways

(2) 下線部①の（　）内の語を並べかえなさい。(20点)

_____

(3) 下線部②について，何をすることによって問題を解決しようと思ったか。日本語で書きなさい。(20点)

　　[　　　　　　　　　　　　　　　　　　　　　　　　　　　　　]

(4) 本文中の　B　に入るものとして，最も適切なものはどれか。(20点) [　　]

　　ア　must reduce plastic made from banana peels

　　イ　can eat banana peels

　　ウ　must stop throwing it away in the sea

　　エ　can make it at home

(5) 次の　　　　内の英文は，筆者が伝えたいことをまとめたものである。（　）に入る最も適切なものはどれか。(20点) [　　]

> Many people in the world like eating bananas. Some use banana leaves and peels to reduce plastics. If you look around, (　　　　　　　　　　　　).

　　ア　you may find a new idea to make something good for the earth

　　イ　you may find plastic plates which you can use again and again

　　ウ　you will learn that many people like bananas all over the world

　　エ　you will learn that people put bananas into many kinds of food

をおさえる！

● 文章を読むときのヒントとなる「流れや展開を示してくれる表現」をいくつか覚えておこう。

　　・for example〈例示〉「例えば」　　・as a result〈結果〉「その結果」

　　・however〈逆接〉「しかしながら」　　・so〈結果〉「だから，よって」

Key Words　　**1**　□ healthy「健康的な」　　□ point「点」

第7日 図・グラフ ①

⏱時間 40分　　得点 /100

解答→別冊 13 ページ

1 次の対話文の内容に合う絵を，記号で答えなさい。(20点)〔宮城—改〕

A : Excuse me. Could you tell me the way to the station?

B : Sure. Can you see that post office over there?

A : Oh, yes. That one.

B : Turn right at the corner and go to the end of the street. You can't miss it.

A : Thank you.

[　　]

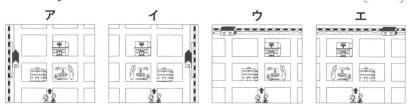

ア　　　　イ　　　　ウ　　　　エ

2 由香(Yuka)と留学生のメアリー(Mary)は，夏休みに鹿児島県に行く計画を立てています。由香とメアリーのそれぞれが良いと考えている計画として最も適切なものを，ア～エの中から1つずつ選び，その符号を書きなさい。

(20点×2)〔岐阜〕

Mary : I'm so excited to go to Kagoshima. I found some plans to get there. Look at this, Yuka.

Yuka : Let me see. This is very cheap. But if we take a bus, it takes very long to get there.

Mary : That's true. I don't want to sit on the bus for more than 10 hours!

Yuka : I like to travel by plane. Oh, there are two ways to get there by plane. Well, this is the best plan for me because it takes the shortest time to get to Kagoshima. What do you think, Mary?

Mary : That's good, but I think this one is the best. It is cheaper than going there by plane.

Plan	Start	Arrive	From Gifu to Kagoshima	How much?
ア	6:30 a.m.	12:30 p.m.	Gifu Station ▬▬ Nagoya Station ∿∿ Nagoya Airport ══ Fukuoka Airport ▬▬ Hakata Station ▬▬ Kagoshima Chuo Station	37,860 yen
イ	1:30 p.m.	5:30 p.m.	Gifu Station ▬▬ Nagoya Station ▬▬ Chubu International Airport ══ Kagoshima Airport ∿∿ Kagoshima Chuo Station	34,610 yen
ウ	1:10 p.m.	6:50 p.m.	Gifu Station ▬▬ Nagoya Station ▬▬ Hakata Station ▬▬ Kagoshima Chuo Station	24,730 yen
エ	7:40 p.m.	11:10 a.m.	Gifu Station ▬▬ Nagoya Station ∿∿ Kagoshima Chuo Station	16,670 yen

Train ▬▬　Bus ∿∿　Plane ══

Yuka's plan 〔　　　〕　　　Mary's plan 〔　　　〕

記述 **3** 次の道路標識(road sign)を見て，あとの問いに答えなさい。〔愛知〕

説明文
Look at this road sign.
The sign is red and a Japanese word is written in white.
It tells ［　①　］, because you ［　②　］.
I hope it'll be sunny all day!

　あなたは次の休日に，日本を訪れた外国人の友人と二人でサイクリングに行くため，この標識について説明をすることになりました。説明文の ① には，この標識が伝えている内容を， ② にはその理由を，それぞれ5語以上の英語で書き，英文を完成させなさい。

　ただし， ① には you(あなた)， ② には traffic(交通，交通の)を必ず使うこと。また，下の語句を参考にしてもよい。(20点×2)
〈語句〉
場所 place　　～を確認する check ～　　右側 right side
自転車 bike

① ＿＿＿＿＿＿＿＿＿＿＿＿＿＿＿＿＿＿＿＿＿＿＿＿＿＿＿＿＿＿

② ＿＿＿＿＿＿＿＿＿＿＿＿＿＿＿＿＿＿＿＿＿＿＿＿＿＿＿＿＿＿

第7日　入試実戦テスト

解答→別冊 14 ページ

1 中学生の亜希（**Aki**）さんは，ピクトグラム（**pictogram**）と呼ばれる案内用図記号について調べ，図（**chart**）A，Bにまとめました。次の対話を読んで，後の問いに答えなさい。〔山形〕

図A　ピクトグラムについて

・（　**X**　）で見つけたピクトグラム

・ピクトグラムは，（　**Y**　）に頼らずに理解することができる。日本の（　**Z**　）を知っていると，理解しやすいものもあるかもしれない。

図B　わかりやすいピクトグラムとして選ばれた場合

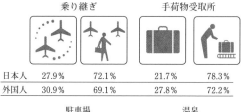

乗り継ぎ　　　　　　手荷物受取所

	乗り継ぎ		手荷物受取所	
日本人	27.9%	72.1%	21.7%	78.3%
外国人	30.9%	69.1%	27.8%	72.2%

駐車場　　　　　　　温泉

	駐車場		温泉	
日本人	31.9%	68.1%	62.9%	37.1%
外国人	29.2%	70.8%	29.0%	71.0%

経済産業省資料などから作成

Aki : I found the pictogram in chart A at a temple.

Fred : Oh, really?　What did you write on chart A?　Please tell me.

Aki : Sure.　Pictograms are useful because we don't have to depend on languages to understand them.　If people know the Japanese way of life, it may be easier to understand some of them.

Fred : I see.　I think so, too.　The pictogram in chart A is one example.　I think it means 'Take off your shoes'.　I can guess what it means because Japanese people do it when they go into houses.

Aki : You are right.　Look at chart B.　It shows four pairs of pictograms.　Both Japanese people and foreign people were asked, "Two pictograms in each pair mean the same thing.　Choose one which you can understand better from

each pair."

Fred : Interesting. In one of the pictograms, a person with a bag is walking between two planes.

Aki : Yes. About seventy percent of the foreign people chose ①the pictogram.

Fred : I could understand it easily, too. Aki, I want to make some new pictograms that will help people. Shall we try it?

Aki : Yes, let's do it.

(1) 図 **A** 中の(**X**), (**Y**), (**Z**)のそれぞれにあてはまる適切な言葉を, 対話の内容に即して日本語で書きなさい。(20点×3)

    X _____   Y _____   Z _____

(2) 下線部①には, どのような様子が描かれていますか。対話の内容に即して 日本語で答えなさい。(20点)

    [   ]

(3) 図および対話の内容に合うものを, 次の**ア**～**オ**から 2 つ選び, 記号で答え なさい。(10点×2)   [   ][   ]

  ア Fred knows that Japanese people take off their shoes when they go into houses.

  イ In every pictogram in chart B, there are some people who are doing something.

  ウ Fred couldn't understand any pictograms in chart B because Aki didn't help him.

  エ Chart B has a 'Hot spring' pictogram that more than seventy percent of the Japanese people chose.

  オ Fred thinks it is a good idea to make some new pictograms, and Aki agrees with him.

ここ をおさえる！

● 本文に書かれているイラストの特徴を正確に読み取ろう。紛らわしいイラスト がある場合も多いので, ひっかからないように気をつけよう。 ⇨(3)

🔍 **Key Words**   □ chart「図」 □ useful「便利な」 □ language「言葉, 言語」
                    □ mean「意味する」 □ plane「飛行機」 □ easily「簡単に」

第8日　図・グラフ ②　　時間 40分　　得点　/100

解答→別冊15ページ

1 （　　　　）内の状況での会話の内容を最も適切に表しているグラフを，あとのア～エの中から一つ選び，記号を書きなさい。(40点)〔佐賀―改〕

(It is Sunday today.　They are watching the weather on the news.)

Lisa : The temperature on Tuesday will be lower than the temperature on Monday.

Yuji : Yes, but the temperature on Wednesday will be higher than the temperature on Tuesday.

Lisa : I hope it will get warmer next week.

ア
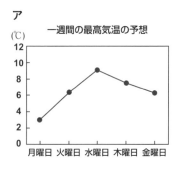

イ
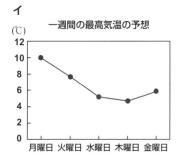

ウ
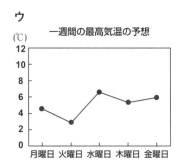

エ
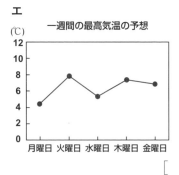

［　　　　］

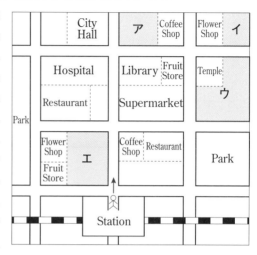

2 次の各問いに答えなさい。(30点×2)

(1) 次の文は花子が駅から学校までの道順を説明しているものです。あとの問いの答えとして正しい記号を，地図中から選びなさい。〔岐阜〕

When you come out of the station, go straight for two blocks. There is a library at the corner. Turn right there and go straight. Then you can see a fruit store on your right. Go across the street. You will find a flower shop on your left and a temple on your right. My school is next to the flower shop.

問い：Where is Hanako's school?　　　　　　［　　　］

(2) あとの問いの答えとして正しい記号を，地図中から選びなさい。〔神奈川〕

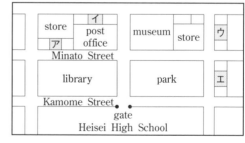

I'll show you the way to Miho's house. Her house isn't far from Heisei High School. Look at the map. Start from the school gate. Go between the library and the park. Turn right when you come to Minato Street. Then turn left at the first corner. Her house will be on your right. It'll be the second house from the corner.

問い：Which place on the map is Miho's house?　　　　　　［　　　］

1 □ temperature「気温」
2 □ temple「寺院」　　□ next to ～「～のとなりに」

解答→別冊 15 ～ 16 ページ

1 次の英文は，オーストラリア出身の ALT（外国語指導助手）のポール
（Paul）と，青森県に住んでいる高校生のダイゴ（Daigo）の対話の一部です。
2 人は，青森港（Aomori Port）に来たクルーズ客船（観光旅行用の客船）の数
を示したグラフ（graph）の資料を見ながら話をしています。これを読んで，
あとの問いに答えなさい。〔青森―改〕

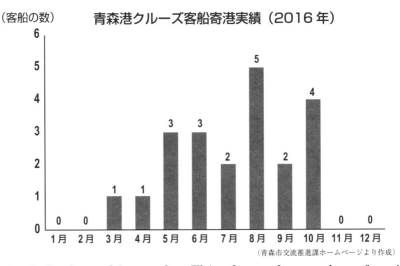

（客船の数）　青森港クルーズ客船寄港実績（2016 年）

（青森市交流推進課ホームページより作成）

Paul : Look at this graph. This shows the number of cruise
ships that came to Aomori Port in 2016. Do you notice
anything from this graph?

Daigo : Well, cruise ships came to Aomori Port from March to
　①　. Five cruise ships came to Aomori Port in 　②　.

Paul : Many festivals are held in summer, so a lot of people
came to see them. ₐI have (them, I, never, since,
seen) came to Aomori. But finally, I can see a festival
next week.

Daigo : Wow. That's nice. Let's go to see the festival together.
ᵦBy the way, do you (don't, why, have, know, we)
cruise ships in winter?

34

Paul : Maybe many people don't know about the good points of winter in Aomori, but I know many good points. $_C\underline{\text{I}}$ think (can, to enjoy, people, something, find) in winter in Aomori. I hope cruise ships will come to Aomori Port all year round.

Daigo : I agree. We can use the Internet to give tourists more information about the good points of winter in Aomori.

Paul : That's a good idea.

(注) cruise ships「クルーズ客船」 notice 〜「〜に気づく」 maybe「たぶん」
good points「良い点」 all year round「一年中」 tourists「観光客」
information「情報」

(1) ①，②に入る最も適切な英語1語をそれぞれ書きなさい。(15点×2)

① ＿＿＿＿＿＿ ② ＿＿＿＿＿

(2) 下線部 A 〜 C について，文の意味が通るように，( )内の語をすべて用いて，正しい順序に並べかえて書きなさい。(15点×3)

A ＿＿＿＿＿＿＿＿＿＿＿＿＿＿＿＿＿＿＿＿＿

B ＿＿＿＿＿＿＿＿＿＿＿＿＿＿＿＿＿＿＿＿＿

C ＿＿＿＿＿＿＿＿＿＿＿＿＿＿＿＿＿＿＿＿＿

(記述)(3) 外国人観光客に，あなたが住んでいる所について紹介することになりました。下の英文の下線部に，あなたが住んでいる県，地域，市町村などのいずれかについて紹介する文を，英語20語以上で書きなさい。文の数はいくつでもかまいません。(25点)

Hello. I'm (あなたの名前). Nice to meet you. ＿＿＿＿＿＿＿

＿＿＿＿＿＿＿＿＿＿＿＿＿＿＿＿＿＿＿＿＿＿＿＿＿＿＿＿＿

＿＿＿＿＿＿＿＿＿＿＿＿＿＿＿＿＿＿＿＿＿＿ Thank you.

ここ をおさえる！

● 会話文ではあいづちが必ず出てくる。頻出のあいづちの表現を覚えよう。
- That's nice.「それはいいね」 • That's a good idea.「それはいい考えだね」
- I agree.「私も賛成です」 • I see.「なるほど」 など

 Key Words
■ □ show「示す」 □ festival「祭り」 □ by the way「ところで」

35

第9日　資料・ポスター ①

解答→別冊 16 〜 17 ページ

1 次の英文は，中学生の **Taku** が，調べたことについて **Slide**(スライド)を用いて授業で発表する原稿の一部である。以下の問いに答えなさい。〔岡山―改〕

Slide

Average Sleeping Time of Animals in a Day	
animal	average sleeping time in a day
①	15.8 h
lion	13.5 h
②	2.9 h
African elephant	2.0 h
③	1.9 h

h: hours

　How long do animals usually sleep in a day? Slide ④(show) the answer to this question, about five kinds of animals. Tigers and lions usually sleep for more than half of the day. Giraffes, horses, and African elephants don't sleep for a long time. The sleeping time of giraffes is the shortest of the five.

(1) ①〜③に入る英語をそれぞれ 1 語ずつ書きなさい。(15点×3)

① ＿＿＿＿＿　② ＿＿＿＿＿　③ ＿＿＿＿＿

(2) ④の語を適切な形に変えなさい。(15点)　＿＿＿＿＿

2 次のレシート(receipt)は，ある女性が買い物をした際に受け取ったものである。〔長野〕

(1) このレシートから読み取れることを正しく表している英文を，次の**ア〜エ**からすべて選び，記号を書きなさい。(20点)　[　　　　]

　ア The shop closes earlier on Tuesday than on Friday.

　イ You can know how long she stayed in the shop.

ウ She went to the shop in America.

エ A white shirt is cheaper than a bag.

N & A Clothes Shop

1356 First Street, Sydney, Australia
Phone (377) 807-065

Monday-Wednesday　9:00-17:30
Thursday-Friday　　9:00-21:00
Saturday 9:00-17:00　Sunday 10:00-17:00

Item	Color		
Shirt	White	2	$39.98
Shirt	Red	1	$25.00
Jacket	Blue	1	$59.99
Bag	Brown	1	$24.99
Skirt	Yellow	1	$39.98
TOTAL			$189.94
CASH			$200.00

(10% tax included)

CHANGE	$10.06

Number of items : 6
February 15, 2021 16:51

You can return items or get a different size or color.
If you want to do this, please come to our shop with
this receipt. You must come to the shop before one
month has passed after you bought the items.

(注)　Item(s)「商品」　　TOTAL「合計」　　CASH「現金」
tax included「税込」　　CHANGE「おつり」　　size「サイズ」

(2) 次の英文の(　　　)に当てはまる最も適切な英語を，下の**ア〜エ**から１つ
選び，記号を書きなさい。(20点)　　　　　　　　　　　　　　[　　　]

She can return the clothes she has bought on (　　　) in 2021.

ア　January 14th　　　イ　February 14th

ウ　March 14th　　　エ　April 14th

Check Points

● 頻度を表す表現⇨ **1**　・always「いつも」　・often「よく，たびたび」
・usually「ふつう，たいてい」　・sometimes「ときどき」

1 □ sleep「眠る」
2 □ return「返却する」　□ pass「(時間が)経過する」

第9日 入試実戦テスト

⏱ 40分	得点
合格 70点	/100

解答→別冊17ページ

1 中学生の真美(Mami)と，真美の家にホームステイ中のジュディー(Judy)が，あるウェブサイト(英語版)の【施設情報】を見ながら話をしています。【二人の対話】をもとに，あとの(1)〜(4)の問いに答えなさい。〔宮崎一改〕

【施設情報】

Hinata Family Park

■Opening Hours

From Monday to Friday　10:00 a.m. 〜 7:00 p.m.
Weekends and Holidays　9:00 a.m. 〜 8:00 p.m.

■Entrance Fee

3 to 6 years old	7 to 12 years old	13 years old and older
300 yen	500 yen	1,000 yen

・Children who are 2 years old and under don't have to pay the entrance fee.
・Groups of more than 4 people will have a 500 yen discount from the total fee.

■Activities & Events

Activities & Events	Time	Information
Swimming Pool	Opening 〜 4:00 p.m.	Children who are 12 years old and under must be with an adult.
Fireworks	7:00 p.m. 〜 7:30 p.m.	Weekends only

・Restaurants will close one hour before the park closes.

（注）entrance「入場(権)」　fee「料金」　total「合計の」　firework「花火」

【二人の対話】

Judy : Look at this website. Do you know Hinata Family Park?

Mami : Yes. It's a lot of fun.　Oh, this park is the best for <u>my plan</u>!

Judy : What's the plan?

Mami : My younger sister Yumi will be 10 years old next Sunday.　I am thinking about a special plan for her birthday.　Why don't we go there together on her birthday?

Judy : That's a good idea.　What time shall we leave home on that day?

Mami : I want to arrive there at the opening time. It'll take 90 minutes by car, so we must leave here by (①) in the morning.

Judy : I see. Then how much will we need for the entrance fee?

Mami : Well, I'll go with Mom, Dad, Yumi, and you. We are 15 years old, so the total fee will be (②) yen, right?

Judy : That's right. I'm sure everyone will like this plan.

(1) 【二人の対話】の下線部 <u>my plan</u> とはどんな計画か。日本語で答えなさい。

(25点)

_____

(2) 【二人の対話】の(①)に入る最も適切なものを，次の**ア〜エ**から１つ選び，記号で答えなさい。(25点)　　　　　　　[　　]

　ア 7:30　　**イ** 8:00　　**ウ** 8:30　　**エ** 9:00

(3) 【二人の対話】の(②)に入る最も適切なものを，次の**ア〜エ**から１つ選び，記号で答えなさい。(25点)　　　　　　　[　　]

　ア 3,500　　**イ** 4,000　　**ウ** 4,500　　**エ** 5,000

(4) 【施設情報】と【二人の対話】の内容と合っているものを，次の**ア〜エ**から１つ選び，記号で答えなさい。(25点)　　　　　　　[　　]

　ア Visitors can enter the park without a fee if they are 4 years old.

　イ Visitors can use the restaurants after they finish watching fireworks.

　ウ Judy and Mami can use the swimming pool without an adult.

　エ Judy asked Mami to think about a special plan for Yumi.

第10日 資料・ポスター ②

時間 40分　　得点 ／100

解答→別冊18ページ

1 次の会話について，下のイラストの内容に合うように，下線部①〜③の（　　　）にそれぞれ適切な英語1語を入れて，会話文を完成させなさい。

（20点×3）〔兵庫〕

A : Excuse me. Could you help me?

B : Of course. What do you need?

A : I want to visit *Nojigiku* Castle. What does this sign mean?

B : Well.... First, you should pay the fee ①(　　　) (　　　) of the gate.

A : It's 600 yen, right?

B : Yes. When you enter the castle, you have to ②(　　　) (　　　) your shoes. You can try on a *kimono* and take pictures there.

A : I want to try that!

B : Look, there is another sign. If you can find the heart-shaped rock, your dreams may ③(　　　) (　　　) someday.

A : Oh, nice. I'll try to find it. Thank you!

（注）　heart-shaped「ハート形の」

①　_____　_____

②　_____　_____

③　_____　_____

2 信州市は，地域在住の外国人と交流する祭りを計画し，そのポスターを英語で作成した。〔長野〕

Shinshu City Festival

Date: May 3　　　**Place: Shinshu City Hall**
Time: From 1:00 p.m.

Room 1
Cooking
Soba

Room 2
Making
Origami

Room 3
Singing
Japanese Songs ♪

◆ You can choose only one program.
◆ You need to come to the room 15 minutes before the starting time.
◆ Only for the *soba* cooking program, you'll need 300 yen.
◆ Japanese people can also join the programs.

(1) 次の質問の答えとして最も適切な英文を，下の**ア〜エ**から１つ選び，記号を書きなさい。(20点)　　　　　　　　　　　　　　　　[　　　]

What time should you get to the room if you want to join a program?

ア　At 12:45 p.m.　　イ　At 1:00 p.m.
ウ　At 1:15 p.m.　　エ　At 1:30 p.m.

(2) ポスターの内容と合っている最も適切な英文を，次の**ア〜エ**から１つ選び，記号を書きなさい。(20点)　　　　　　　　　　　　　　　　[　　　]

ア　You can enjoy both Cooking *Soba* and Making *Origami* in the same room.

イ　Japanese people can't join the Shinshu City Festival on May third.

ウ　People can choose one from the three kinds of programs about Japanese culture.

エ　For all programs in the Shinshu City Festival, you don't have to bring any money.

Key Words
1 □ enter「入る」
2 □ need「必要である」

41

第10日 入試実戦テスト

解答→別冊18～19ページ

1 次の会話を読んで，あとの問いに答えなさい。〔長崎―改〕

> ロンドン出身で日本の中学校に留学したばかりのアレックス(Alex)が，ロンドン在住のアレックスの祖母ケイト(Kate)に，インターネット電話サービスを使って，時間割(class schedule)を見せながら話をしています。

Alex : This is my school's class schedule.

Kate : Oh, you have many classes. Which subject do you like the best?

Alex : I like music the best. On the class schedule, it's (A) social studies and English on Wednesday.

Kate : I see. My favorite one was art when I was a student. How about the other classes?

Alex : Japanese and social studies are a little difficult but interesting, so I'm (①) them. The four classes (B) lunch time are a little hard for me because I'm hungry during the fourth period.

Kate : Is that so? You have two more classes in the afternoon. Oh, what is cleaning time (C) lunch time? I've never (②) that on a class schedule here in London.

Alex : All students clean their classrooms and other places in the school.

Kate : Really? You don't need a cleaning staff in your school. Oh, yes. I remember the news. Japanese people were cleaning the stadium after the soccer game in a foreign country. I was really surprised.

Alex : I also remember that news, but now I'm not so surprised. I think it's not so special for them to clean public places because cleaning is their important custom.

Kate : I think it's a good custom. I want you to clean my house with me when you come back!

⟨*Class Schedule*⟩

period	time	Monday	Tuesday	Wednesday
	8:15 ～ 8:25	homeroom		
1	8:30 ～ 9:20	Japanese	math	P.E.
2	9:30 ～ 10:20	science	English	social studies
3	10:30 ～ 11:20	math	art	music
4	11:30 ～ 12:20	home economics	art	English
	12:20 ～ 13:35	lunch time		
	13:40 ～ 13:55	cleaning time		
5	14:00 ～ 14:50	social studies	Japanese	science
6	15:00 ～ 15:50	P.E.	science	Japanese
	15:55 ～ 16:00	homeroom		

(注) period「〜時間目」 staff「職員」 public「公共の」 custom「習慣」
homeroom「ホームルーム，短学活」 home economics「家庭(教科名)」
P.E.「体育」

(1) 会話中の A 〜 C に入る英語として最も適当なものを次の**ア〜エ**の中から1
つずつ選んで，その記号を書きなさい。(10点×3)

A[   ] B[   ] C[   ]

ア after イ before ウ between エ during

(2) 会話中の（ ① ），（ ② ）に入る英語として最も適当なものを，次の中
から1つずつ選び，それぞれ正しい形に直して書きなさい。(10点×2)

enjoy / make / play / see ① _____ ② _____

(3) 会話と時間割の内容に関して，次の[質問]に対する[答え]を英語で書きな
さい。(30点)

[質問] How long do the students clean their school each day?
[答え] [   ].

(4) 会話および時間割の内容と一致するものを1つ選び，その記号を書きなさ
い。(20点) [   ]

ア Alex is hungry during the first period, so he doesn't like it.
イ Alex studies art on Tuesday and math on Wednesday at school.
ウ Kate started to talk about news which Alex didn't know.
エ Kate hopes that Alex will clean her house in London together.

 1 □ remember「覚えている」 □ foreign「外国の」

[月 日]

総仕上げテスト

合格 70点

得点

/100

解答→別冊 20 ～ 22 ページ

記述 1 次は，英語クラブに所属する高校生の由美(Yumi)と，顧問のブラウン先生(Ms. Brown)が，今年の英語キャンプ希望調査結果を見ながら対話をしている場面である。英文を読んで， ① ， ② に，対話が成り立つような英語を，それぞれ3語以上で書きなさい。(8点×2)〔熊本〕

Ms. Brown : Yumi, are you planning our English camp?

Yumi : Yes. Last year, a lot of members in our club joined this camp and they enjoyed it very much. So I want to make it more interesting this year.

Ms. Brown : That's good.

Yumi : You know we stayed one night last year, but look at Table 1. 14 members want ① than last year.

Ms. Brown : Wow! They really like the camp, right?

Yumi : Yes. Now I'm planning the activities for the English camp. Look at Table 2. The most popular ones are to debate in English and to play games in English. So I've already planned these two activities. I want to add one more.

Ms. Brown : Two activities are both in third place. How about adding one of them?

Yumi : Yes. I'll plan ② because we can work together and have a chance to eat something special.

(注) camp「キャンプ」 table「表」 debate「ディベート(討論)をする」
add「付け加える」 in third place「3番目に」

英語キャンプ希望調査結果

Table 1 希望するキャンプの日数

日数	人数(人)
日帰り	1
1泊2日	4
2泊3日	8
3泊4日	6

Table 2 希望するキャンプの活動内容

活動内容	人数(人)
英語でディベートをする。	6
英語でゲームをする。	6
英語で劇をする。	3
海外の料理を作る。	3
海外の祭りを体験する。	1

① _____

② _____

2 次の英文は，ある町のイベント情報(**Information**)です。次の(1)，(2)の英文について，□に当てはまる最も適当なものをそれぞれ選びなさい。

★Event Information for the 4th Week of December

Event Names (Places)	Date	Time	Notes
Winter Bird Watching Tour (Lake Nishino)	22nd ~ 28th	7:00－8:30	with professional guides!
Ice Hockey Tournament (Sanshiro Stadium)	24th	15:00－17:00	many famous players!
Ski Jumping Tournament (Mt. Kita Jump Stadium)	25th	13:00－16:00	international tournament!

★You can take free buses between the station and each place. (It takes 30 minutes.)
★500 yen is needed for the parking lots if you go to each place by car.

Tickets (Each Event)	Adult (16 years old and over)	1,500 yen
	Child (12－15 years old)	700 yen
	Child (0－11 years old)	0 yen

（注）note(s)「備考」　professional「プロの」　ice hockey「アイスホッケー」
tournament「大会，トーナメント」　free「無料の」
parking lot(s)「駐車場」　adult「大人」

(1) You can go to all the events if you stay in this town for only □ days. 　　　　　　　　　　　　　　　　　　　　［　　］

　　ア two　　イ three　　ウ four　　エ five

(2) A junior high school girl is staying at a hotel near the station in this town with her father and her mother. If they want to go to the Ski Jumping Tournament by bus, they'll pay □.

　　ア 2,700 yen　　イ 3,700 yen　　　　　　　　　　［　　］
　　ウ 4,200 yen　　エ 4,500 yen

3 次の高校生の明子(**Akiko**)と中国人留学生のリー(**Li**)との対話文を読んで，後の問いに答えなさい。〔長崎一改〕

Akiko : What are you reading?

　　Li : A book about languages. I have a question, Akiko.
　　　　①(many, are, languages, around, how, the, there)
　　　　world?

Akiko : Well, Japanese, English.... About 100?

Li : No, about 5,000.

Akiko : Wow! [ⓐ] How can people who have different native languages understand each other?

Li : You and I speak different languages, too, but we can understand each other in English.

Akiko : You're right. I really think that it's important to learn English.

Li : I think so, too. Well, when you go to China next year on a school trip, you'll talk with Chinese people in English.

Akiko : Yes. ②I worry about that. Two years ago my brother went there on a school trip. He visited a high school and talked with the students there. After coming home, he said, "Many high school students I met in China could speak English better than I."

Li : But your English is good, too.

Akiko : No. I can't speak English as well as you. I think you studied English hard.

Li : I studied it hard at school and at home.

Akiko : At home? How did you practice English there?

Li : A boy who came from Australia stayed at my house for one year. So we taught our native languages to each other.

Akiko : You're lucky. [ⓑ]

Li : When he studied about China at school, he wanted to learn Chinese culture and language in China.

Akiko : I see. When you came to Japan, you could not speak Japanese well, but now you can.

Li : I've studied Japanese hard. Some Japanese people can't understand me when I speak to them in English.

Akiko : Mr. Brown said the same thing in his English class. So he studies Japanese very hard, too.

Li : Now he talks with the other teachers at school in

Japanese. I also talk to him in Japanese to practice it.

Akiko : That's good. I have to study English harder to talk with Chinese students next year.

 Li : [ⓒ] You always speak with me in English.

(注)　native language「母語」　　each other「お互い」
　　　on a school trip「修学旅行で」

(1) [ⓐ]〜[ⓒ]に最も適するものを次からそれぞれ1つずつ選び，記号で
　　答えなさい。(8点×3)　　　　　　　ⓐ[ ]　ⓑ[ ]　ⓒ[ ]

 ア　That's too small!　　**イ**　How did you study English?

 ウ　I can't believe it!　　**エ**　I should study Chinese.

 オ　Don't worry.　　**カ**　Why did he come to your country?

(2) 下線部①の意味が通るように，(　)内の語を並べかえなさい。(10点)

_____ world?

(3) 明子が下線部②のような気持ちになった原因について，25字以上35字以
　　内の日本語を入れて，下の文章を完成しなさい。(12点)

                     25

ということを兄から聞いたこと。
      35

(4) 次の質問に対する答えを書き出しに続けて英文1文で書きなさい。(12点)

 ［質問］　Why does Mr. Brown study Japanese very hard?

 ［答え］　Because _____

(5) 本文の内容と一致するものを1つ選び，記号で答えなさい。(10点) [ ]

 ア　Li learned English at home in China from a boy who came from Australia.

 イ　Mr. Brown teaches English at high school and studies the Chinese language.

 ウ　Li always speaks with Mr. Brown in English to make his English better.

 エ　Akiko doesn't want to talk with Li in English because it's difficult for her.

47

試験における実戦的な攻略ポイント5つ

① **問題文をよく読もう！**

問題文をよく読み，意味の取り違えや読み間違いがないように注意しよう。

選択肢問題や計算問題，記述式問題など，解答の仕方もあわせて確認しよう。

② **解ける問題を確実に得点に結びつけよう！**

解ける問題は必ずある。試験が始まったらまず問題全体に目を通し，自分の解けそうな問題から手をつけるようにしよう。くれぐれも簡単な問題をやり残ししないように。

③ **答えは丁寧な字ではっきり書こう！**

答えは，誰が読んでもわかる字で，はっきりと丁寧に書こう。

せっかく解けた問題が誤りと判定されることのないように注意しよう。

④ **時間配分に注意しよう！**

手が止まってしまった場合，あらかじめどのくらい時間をかけるべきかを決めておこう。

解けない問題にこだわりすぎて時間が足りなくなってしまわないように。

⑤ **答案は必ず見直そう！**

できたと思った問題でも，誤字脱字，計算間違いなどをしているかもしれない。ケアレスミスで失点しないためにも，必ず見直しをしよう。

受験日の前日と当日の心がまえ

前日

- 前日まで根を詰めて勉強することは避け，暗記したものを確認する程度にとどめておこう。
- 夕食の前には，試験に必要なものをカバンに入れ，準備を終わらせておこう。また，試験会場への行き方なども，前日のうちに確認しておこう。
- 夜は早めに寝るようにし，十分な睡眠をとるようにしよう。もし翌日の試験のことで緊張して眠れなくても，遅くまでスマートフォンなどを見ず，目を閉じて心身を休めることに努めよう。

当日

- 朝食はいつも通りにとり，食べ過ぎないように注意しよう。
- 再度持ち物を確認し，時間にゆとりをもって試験会場へ向かおう。
- 試験会場に着いたら早めに教室に行き，自分の席を確認しよう。また，トイレの場所も確認しておこう。
- 試験開始が近づき緊張してきたときなどは，目を閉じ，ゆっくり深呼吸しよう。

解答・解説

第1日　対話文

▶pp.4〜5

1 (1)エ　(2)ウ　(3)イ

2 (1)①since　②mine
　　③between
　　(2)①エ→ウ→ア→イ
　　②ウ→イ→エ→ア

解説

1 (1) すぐ後で亜紀が運動公園へ行く理由を言っているので,「どうして?」とたずねる文を選ぶ。

(2) 前後の文から考えて,「使ってもいいけれど, 今はだめ」という応答が適切。

(3) 母に手伝ってほしいと言われたので,「いいよ。何をしてほしいの?」という文を選ぶ。

（全文訳）

(1) 健：今日の午後, 映画に行けるよね?

　亜　紀：ごめん。行けないわ。2時に運動公園に行かなければならないの。

　健：どうして?

　亜　紀：兄〔弟〕のサッカーチームが, そこで決勝戦をするのよ。

(2) アレックス：きみのコンピュータを使ってもいいかい?

　美　希：もちろん, いいわよ。だけど, 今はだめなの。

　アレックス：じゃあ, 使えるときに声をかけてね。

(3) 母：手伝ってくれない?

ジョン：いいよ。何をしてほしいの?

　母：台所へ来て, じゃがいもを切ってちょうだい。

2 (1)① どのくらい現在の場所に住んでいるのかについて会話している。現在完了形の文で「2006年からずっとここに住んでいる」という意味になる。

② だれのものかとたずねられたのに対して,「私のもの」と答えている。

③ 家を訪ねる時間について,「2時から3時の間に来られますか」と言われて,「2時半に訪ねる」と答えている。

(2)① オーストラリア旅行の感想を聞かれて,「素晴らしかった」と受けてから, その理由を説明している。「ホテルで働いている人たちがとても親切だった」という意味の文にする。

② 母への贈り物のかばんを買いに来た場面。勧められたかばんが小さかったので,「もっと大きいものはないか」とたずねる文にする。one は代名詞で, ここでは bag を指す。

（全文訳）

(1)① A：愛媛にはどのくらい住んでいますか。

　B：5年間です。2006年からずっと住んでいます。

② A：これはすてきな自転車ですね。だれの自転車ですか。

　B：私のです。父が昨日, 私に買ってくれました。

③ A：明日の午後, あなたの家を訪ねてもいいですか。

　B：いいですよ。2時から3時の間に来てもらえますか。

　A：はい。2時半に伺います。

ひっぱると, はずして使えます。

1

(2)① 　A：オーストラリアへの旅行はど
　　　　うでしたか。
　　　B：素晴らしかったです。ホテルで働
　　　　いている人たちがとても親切でした。
　　② 　A：母のためにかばんを探している
　　　　んです。
　　　B：こちらはいかがですか。
　　　A：少し小さいですね。もっと大きい
　　　　ものはありますか。

```
入試実戦テスト  pp.6〜7
1  (1)①ア　②イ
　 (2)①ア
　 　②明日のボランティア活動に必
　 　要な物
```

解説

1 (1)①ⓐ ひとみは「たくさん食べたい」
と言っているから，大きいじゃがいもを
ゆでようと思っている。
ⓑ「たまねぎは小さいほうで十分」とす
ると意味が通る。
②ひとみの言うとおりであるという表現
を選ぶ。
(2)①ⓐ には幼稚園への到着予定時刻が
入る。スティーブから友樹へのメモに，
スティーブの家を午前8時15分に出発
し，幼稚園までは30分かかると書いて
ある。ⓑには友樹がスティーブに質問の
電話をする時刻が入る。メモには，午後
4時30分以前か午後6時30分以後に電
話をするように，と書かれており，一方
でメアリーとの会話から今は午後5時だ
ということがわかるので，電話をするの
は6時30分以後となる。
② スティーブのメモには「質問があれば，
電話をください」とあり，質問の内容は
友樹の3番目の発言中にある。

(1) キャサリン：これらの野菜を使って
　　サラダを作りましょう，ひとみ。
　ひとみ：いいわ。私，じゃがいもが大
　　好きなの。だから大きいのをゆでま
　　しょう。たくさん食べたいわ。
　キャサリン：私もよ。トマトはどう？
　　大きいのは小さいのよりおいしそう
　　に見えるわね。
　ひとみ：同感。それで，たまねぎは？
　　私はたまねぎが大好き。大きいのを
　　使いましょうよ。
　キャサリン：そうねえ，小さいほうで
　　十分だと思うわ。見て。大きいのは
　　本当に大きいわ！
　ひとみ：わかった。小さいほうを使い
　　ましょう。それから，どちらの大根
　　を使おうかしら。大きいのは必要な
　　いと思うわ。
　キャサリン：そのとおりね。小さいほ
　　うで十分でしょう。

(2) 友　樹：スティーブとぼくは明日，
　　ボランティア活動をするために幼稚
　　園に行くつもりなんだ。
　メアリー：活動は何時に始まるの？
　友　樹：9時から始まる予定だよ。ぼ
　　くたちは幼稚園に8時45分くらい
　　に着く予定なんだ。
　メアリー：なるほど。
　友　樹：ああ，明日何が必要かを聞く
　　ためにスティーブに電話をしないと
　　いけなかったんだ。今何時？
　メアリー：5時よ。すぐに電話するの？
　友　樹：いや。彼には6時半以後に電
　　話するよ。
　（スティーブから友樹へのメモ）
　友樹へ
　明日のボランティア活動について
　　・午前9時に開始
　　・最初にぼくの家に来てね

・ぼくの家から幼稚園までは約 30 分

・ぼくの家を午前 8 時 15 分に出発

もし何か質問があれば，今日の午後 4 時 30 分以前か午後 6 時 30 分以後に，ぼくに電話してね。　　　スティーブ

第2日　手紙・メール

▶pp.8〜9

1 (1)ⓒ　(2)**ア**　(3)countries
　　(4)**イ**

2 (1)①**ウ**　②**ウ**　(2)①**イ**　②**ウ**

解説

1 (1) 入れる 1 文は「なぜだか知りたいか」という意味なので，直後に「教えてあげよう」がくるⓒが適切。
(2) 4 月は日本では春である。
(3) 直前に a lot of とあるので複数形にする。語尾の y を i にかえて es をつける。
(4) 第 1 段落最終文に，相手の質問に答える旨の 1 文がある。

全文訳

こんにちは，ベッキー！

　電子メールをありがとう。読むのが楽しかったです。あなたはメッセージの中で私に 2 つの質問をしていたので，それにお答えしましょう。

　まず，日本の学校年度は 4 月に始まります。これは春に学校が始まることを意味します。たくさんの花があるので，私はこの季節がいちばん好きです。あなたがたの学校年度は 2 月に始まると聞いて，私は驚きました。それはあなたの国を訪れるには 1 年のうちでいい季節なのでしょうか。

　次に，国の色について。私は多くの国にはその国自身の色があるということを

知りませんでした。ここ日本には国の色というものはないと思いますが，私たちの国には青がいちばんいいと私は思います。なぜだか知りたいですか。教えてあげましょう。日本は美しい青い海の上にあるからです。今のところはこれで。またすぐにお便りします。

　　　　　　　　あなたの友達より
　　　　　　　　　　　　かおり

2 (1)① 2 時間目は先生がお休みで自習だったので，この日の授業は 3 時間である。

全文訳

　　　　　7 月 2 日　土曜日　晴れ
　今日は 3 時間の授業があった。

　1 時間目は数学だった。授業は楽しかった。加藤先生が教えてくれた。先生はいつもとてもおもしろい。

　山田先生がお休みだったから 2 時間目は授業がなかった。友達と図書館へ行って，歴史の本を何冊か読んだ。

　3 時間目は英語だった。ぼくたちはテープを聞いた。それから，テープの後について繰り返した。その後，テストがあった。英語はぼくの大好きな教科だ。英語がすべての教科の中で最も好きだ。

　最後の時間は歴史だった。武田先生はただ話し続けた。ぼくたちはただ座って聞いているだけだった。クラスのみんなは静かだった。眠かった。

　昼食の後，友子とテニスをした。

　2 時に学校を出た。

入試実戦テスト　pp.10〜11

1 (1)caught
　　(2)twice as large as my hand
　　(3)例 I can see my favorite animals living only in Australia

3

(4)**ア**

(5)I want you to tell me about

(6)**ウ**　(7)**イ**　(8)shopping

(9)**例**My birthday party was held last night.

1　(1) 昨日のことを話題にしているので，過去形にする。

(2) twice as ～ as ... を使って「ぼくの手の2倍の大きさ」という表現にする。

(3)「お気に入り」は favorite。「～だけ」は only を使うとよい。I can see my favorite animals that〔which〕live only in Australia. でもよい。

(4)「おもしろい場所を訪問すること」という表現にすると，本文の内容に合う。

(5)「私に話してほしい」という文にすると意味が通る。

(6)「～して以来」という意味の since を使うのが適当である。

(7) 家での手伝いが話題になっているので housework が適当である。

(8) go shopping「買い物に行く」

(9)「開かれた」は受け身形を使うとよい。last night は文頭に置いてもよい。

（全文訳）

こんにちは，お母さん。

　ぼくはここシドニーですばらしいときを過ごしています。ジョーンズ夫妻はぼくにとても親切で，彼らはぼくをおもしろい場所に連れていってくれます。

　昨日ぼくたちは美しい湖へ行きました。ぼくはそこで大きな魚を捕まえました。それはぼくの手の2倍の大きさでした。

　ぼくたちは今度の週末に野生動物公園に行きます。そこでは，ぼくは，オーストラリアにだけすんでいるぼくのお気に

入りの動物たちに会うことができます。ぼくは，はじめてカンガルーに触れることを待ちきれません。　　　　太郎

こんにちは，太郎。

　あなたの電子メールを楽しんだわ。オーストラリアでは，よい日々を過ごしているのですね。

　おもしろい場所を訪れることは，あなたのホームステイの重要な目的の一つだけど，あなたの家庭の中やまわりで学ぶべきたくさんの重要なこともあると思うわ。家庭でのあなたの生活について，私に話してほしいと思います。　　　母

もう一度，こんにちは，お母さん。

　よい忠告をありがとう。お母さんの電子メールをもらって以来，ぼくはジョーンズ夫妻の手伝いをしています。ぼくはあまりお母さんの手伝いをしなかったけれど，彼らの家事の手伝いをすることにしました。たとえば家を掃除したり，ジョーンズさんと買い物に行ったりします。ベッドを整えたり，ジョーンズ夫人と食事を作ったりします。ぼくは彼らからたくさん学んでいます。

　お母さん，ビッグニュースがあります。昨夜，ぼくの誕生パーティーが開かれました。ジョーンズ夫妻はぼくにプレゼントとして，すてきなセーターをくれました。ぼくは明日，彼らのためにうどんを作ります。彼らが気に入ってくれればいいなと思います。　　　　太郎

第**3**日　スピーチ

▶pp.12～13

1　(1)**ウ**

(2)例音楽は，演奏する人々にも，それを聞く人々にも，大きな喜びをもたらすから。

(3)例 I like to listen to English songs. It makes me happy and I can also learn English.

2 (1)①イ→エ→ウ→ア
③ウ→イ→エ→ア

(2)イ　(3)a piece of　(4)イ

解説

1 (1)「小さな子どもたちの間で」が続くので「人気がある」が適切。

(2)下線部の次の文で，その理由を説明している。

(3)「好きなこと」という点からはずれないこと。I like 〜 や My favorite 〜 などで書き始めるとよい。「理由」はbecause を使うと書きやすい。

(全文訳)

私はピアノをひくのが好きです。私が5歳のときにピアノのレッスンを受け始めました。そのとき以来，一生懸命ピアノの練習をしてきました。

先月，同級生と私はボランティアとして幼稚園を訪問しました。私はピアノをひき，私の友達は幼い子どもたちの間で人気のある歌を何曲かうたいました。子どもたちは私たちの音楽を聞くと，それにあわせて踊り始めました。彼らの幸せな顔は，私たちをも幸せにしてくれました。

私は，なぜ人々が音楽をとても愛するのかがわかります。それは音楽を演奏する人々にも，それを聞く人々にも，大きな喜びをもたらすことができるのです。

2 (1)① it is 〜 for ... to ― の文である。
③ draw something (which) children

like と，関係代名詞が省略されていると考える。

(2) はじめて会った人に対するあいさつ。

(3) a sheet of でも可。

(全文訳)

私の夢について話をしたいと思います。私は将来，小さい子どもたちの先生になりたいと思っています。男子が保育園の先生になることは変でしょうか。

この前の10月に私は町にある保育園を訪れました。

先生のうちの1人が教室の子どもたちに私を紹介してくれました。私は「はじめまして。今日はいっしょに遊びましょう」と言いました。はじめ，子どもたちは私に興味を示してくれましたが，すぐに自分たちの遊び方で遊び始めてしまいました。私は先生にどうするべきかお聞きしました。「子どもたちが好きなものを何かかいてみてはどうかしら」と彼女は言いました。

「ドラえもん」は子どもたちの間で人気があります。私は1枚の紙にドラえもんをかき始めました。すると，1人の男の子が私のところへやって来てその絵を見ました。私はかき終わると，絵をその子にあげました。彼はその絵を持ってほかの子どもたちのところへ走って行きました。彼らはその絵を気に入ってくれて，私にいっしょに遊んでくれるようにと頼みました。私たちはゲームをしたり，歌をうたったりして，正午にはいっしょに昼食をとりました。とてもよかったです。

今は，その保育園に，男の人はいません。でも，近い将来，男性も女性も両方ともいっしょに働くようになるでしょう。私はもっと子どもたちについて勉強して，彼らのために働きたいと思います。

ありがとうございました。

1 (1)①There are seven (students).

②例She found (that) some of his words were different from the words Mr. Brown used.

(2)same

(3)たくさんの異なる文化や考え方を学ぶこと。

(4)ウ・オ

解説

1 (1)① 第 1 段落第 2 文。

② 第 2 段落の I found that 〜. の文。

(2) words「単語」と meaning「意味」に注目する。

(3) 英語を話すこと以外の，英語を学ぶ理由を述べる。

(4) **ア** 英語クラブは月曜・水曜・金曜にある。**イ** スミス先生はイギリス出身である。**エ** 表は由紀子自身が作った。

（全文訳）

　私は英語クラブの部員です。クラブには 7 人の生徒がいます。私は英語を上手に話せるようになりたかったので，このクラブに入りました。だから，英語を話すことを一生懸命練習しています。クラブ活動は月曜，水曜，金曜にあります。私たちの英語の先生，ブラウン先生が私たちに加わってくれて，私たちはすばらしい時間を過ごしました。しかし，今年の夏に彼はアメリカに帰り，新しい英語の先生が学校に来ました。名前はスミス先生といってイギリス出身です。

　スミス先生が初めて私たちのクラブに参加したとき，先生は自分の趣味や家族，自国での生活について話しました。私た

ちは先生に，英語クラブや学校生活，熊本のことについて話しました。私たちは先生と英語で話をすることを楽しみました。会話中，私は先生のことばのいくつかがブラウン先生が使っていたことばとは違うことに気づきました。だから私は先生に「先生が使うことばはいくつか，ブラウン先生のことばとは違いますね」と言いました。すると先生は「私の英語はイギリス英語と呼ばれていて，ブラウン先生の英語はアメリカ英語です。私の英語と彼の英語は基本的には同じですが，ことば（語句）に少し違いがあります」と言いました。それから先生はいくつか例を示しました。

　この表を見てください。これはこのスピーチのために私が作った表です。これは同じ意味をもつ異なることばの表です。私たちはアメリカ英語から多くのことばを使っていると私は思います。例えば，私たちはアパート，ガソリン，キャンディーということばを使いますが，これらの日本語のことばはアメリカ英語からきています。

　その日のクラブ活動の終わりに，スミス先生は「多くの異なる国で使われているたくさんの種類の英語があります。今，みなさんは英語を一生懸命練習していますが，英語は一つの言語だということを忘れてはいけません。一つの言語を学ぶことは，話すことだけではありません。それは多くの異なる文化や違う考え方を学ぶことも意味しているのです」と言いました。

　私は先生の話を聞いてうれしく思いました。先生は私に，英語を勉強する別の理由を与えてくれたのです。

▶pp.16〜17

1 (1)④　(2)ア

2 (1)①イ　⑤ウ
　　(2)too, him to
　　(3)③seen　④took

解説

1 (1) You will have a lot of fun experiences. は「あなたはたくさんの楽しい経験をするでしょう」という意味。空所④の直前の文では「それ（＝得意なこと）を見つけてみてはどうですか」と述べており、この後ろに入れるのが適切。

(2) ブライアンさんは最初，自分を表現することを恐れていたが，先輩からの励ましのおかげで大勢の前でギターを弾くことができたことから，**ア**「自分自身のことを表現することを恐れないで」が正解。

全文訳

　　　　キャンプで学んだこと

　昨年の夏，僕はこの国際交流プログラムに参加しました。このプログラムは，僕に自分を変えるきっかけを与えてくれました。

　このプログラム中，他の国から来た人たちや違う年齢の人たちと一緒にパーティーやキャンプを企画しました。自分を表現することが怖くて，どうしたらいいかわかりませんでした。そんな僕に先輩が「誰にでも自分にできる特別なことがある。君を特別にしてくれるものを探してみたら？」と言ってくれました。僕は音楽が好きなので，みんなのためにギターを弾くことにしました。あるキャンプで，僕はギターを弾きました。すると，

みんなが歌い始めたのです。本当に素晴らしくて，みんなの嬉しそうな顔を見て，僕もとても嬉しくなりました。キャンプのあと，自分の好きなものについて楽しく語り合いました。

　自分の好きなものをみんなに示すことで，自分を表現したり，みんなと話したりすることができました。自分の世界を少し変えることができました。あなたにも何か特別なものがあると思います。それを見つけてみてはどうですか。あなたはたくさんの楽しい経験をするでしょう。

2 (1)① 先行詞は a grandmother で「人」。文中で主語の働きをする語を選ぶ。
⑤ too 〜 to ...「〜すぎて…できない」の文。
(3)③ haven't があるので，現在完了形の文である。現在完了形は〈have＋過去分詞〉で表す。

全文訳

　明男は仙台の中学校に通っています。彼は放課後，野球をしています。彼は勉強と野球部でとても忙しいです。彼には65歳になるおばあさんがいます。彼女は石巻に1人で住んでいます。去年，自動車の事故でけがをしてから，彼女はうまく歩くことができません。彼はおばあさんのことを心配しています。

　ある日曜日の朝，雨がひどくて彼は野球をすることができませんでした。彼はお母さんに「お母さん，今日はおばあちゃんのところへ行ってくるよ。ずっとおばあちゃんに会ってないからね」と言いました。明男のお母さんは「それはいい考えね。おばあちゃんも明男に会いたがっていると思うわ」と言いました。明男はすぐに石巻行きの電車に乗りました。まだ雨がひどかったのですが，彼は気にしませんでした。

　明男のおばあさんは彼を見たとき，

「ああ，明男かい。元気だったかい。毎日野球をやっているのかい」と言いました。彼女の顔は満面の笑顔になりました。彼女はとてもうれしくて，明男に質問することがやめられませんでした。明男は彼女の質問すべてに答えて，学校での生活について話をしました。

入試実戦テスト pp.18〜19

1 (1)**イ・エ**
　(2)①No, they didn't〔did not〕.
　②They were excited.
　(3)**ア**

解説

1 (1)**イ**　第1段落第4文に一致する。
　エ　第3段落第5文に一致する。
　(2)① 第1段落第2〜3文から，両親は行かなかったことがわかる。
　② 第1段落最終文参照。
　(3) 最終段落では，車いすでの旅行によって周囲の人との助け合いの大切さに気づいたことが述べられている。

（全文訳）
　今年の8月に，真紀と彼女の妹の久美子は北海道の祖母の家に行きました。毎年夏には家族でそこに行き，1週間ほど滞在しますが，今年の夏は姉妹だけで行きました。父親と母親は仕事をしなければならなかったので，長い休暇をとることができなかったのです。真紀と久美子は祖母の家への行き方を知っていたので，何もこわくありませんでした。久美子は「私はまたあの川に行きたいわ」と言いました。「私も。あなたは去年，大きな魚を釣ったわよね。楽しかったわ」と真紀は言いました。旅行について考えている間，彼女たちはわくわくしました。
　旅行の直前，バスケットボールをして

いたときに真紀は脚をけがしてしまいました。けがはそれほど深刻ではありませんでしたが，長い時間歩くことは困難でした。真紀は旅行をあきらめたくありませんでした。それで父親は彼女のために車いすを手に入れました。彼女がそれを使うのは難しくありませんでした。久美子は父親に「私が手伝って押してあげるわ。心配しないで」と言いました。
　旅行を通してずっと，車いすはうまく行きました。駅や公園，お店など多くの公共の場所には段差のない通路やエレベーターがあったからです。しかし，いくつか問題もありました。車いすからでは真紀の視野は本当に違っていたのです。彼女は，自分が小さな子どもになったように感じました。いつも見上げていて，そのせいでとても疲れました。人ごみの多い場所に行ったとき，簡単に進むことができなかったのでこわい思いをしました。「この人たちは車いすの女の子がここにいるのがわからないんだわ」と真紀は思い，それで「すみません！　通してください」と大きな声で言いました。すると，何人かは真紀と久美子を見ました。そのうちの1人が姉妹に「ああ，ごめんなさい。大丈夫ですか」と話しかけました。車いすを押すのを助けようとしたり，適切な方向へ姉妹を連れていってくれる人もいました。真紀が「ありがとう」と言うと，何人かは「どういたしまして。良い1日を」と言いました。
　北海道への旅行は今年も姉妹にとってすばらしいものでした。それは彼女たちにはとても大切なものでした。久美子は父親と母親に「私たちの周りには助けが必要な人がいるわ。私たちのすぐ隣にいるかもしれない」と言いました。そして真紀は「そのとおりね。自分の周りの人たちのことについてもっと考えたいわ」

と言いました。

▶pp.20〜21

1 (1)①How　②Why　④When
(2)**ウ**
(3)例**病気の子どもたちに笑って
ほしいと思った**
2 (1)stronger
(2)the banknotes you use in
(3)例**素晴らしい絵が描かれてい
るから。**
(4)④**イ**　⑤**エ**

解説

1 (2)(③)の次に，佐知子が「笑いは
病気の人々に効果があるということか」
と確認していることから，前にどんな話
があったかを推測する。
(3) 医者が鼻に小さな赤い玉をつけてピ
エロになった理由を考える。

（全文訳）

ケイト：今日は何回笑った？
佐知子：覚えてないわ。どうしてそんな
　　　　質問をするの？
ケイト：あのね，笑いは私たちを幸福に
　　　　するのよ。健康にもするわ。病気の
　　　　人々はときどき，笑いによって元気に
　　　　なるのよ。
佐知子：笑いは病気の人々にとって有効
　　　　だということなの？
ケイト：そのとおりよ。去年，有名なお
　　　　医者さんが日本にやって来たの。そし
　　　　て，笑いについてお話をしてくれたの。
　　　　彼は，病気の人々を治療する方法の一
　　　　つとして笑いを利用するお医者さんな

のよ。笑いは水と同じくらい重要だと
彼は考えているの。ある日，彼は彼の
病院で病気の子どもたちを見たの。そ
して，彼らに笑ってほしいと思ったの
よ。それで，鼻に小さな赤い玉をつけ
てピエロになったの。子どもたちは彼
を見たとき，笑い始めたのよ。
佐知子：それはとてもおもしろいお話ね。

2 (1) 直後に than があるため，比較級
の stronger にする。
(2) 直前に I'm interested in とあるの
で the banknotes を続ける。the
banknotes you use in Japan として
「あなたたちが日本で使っている紙幣」
とする。banknotes と you の間には関
係代名詞 which(もしくは that)が省略
されている。
(4)④ What do you mean? で「どうい
う意味？」という意味。会話でよく使わ
れる。
⑤ the banknotes used in each
country で「各国で使われている紙幣」
という意味になる。過去分詞の後置修飾。

（全文訳）

ベ　ス：シン，これはオーストラリアの
　　　　紙幣よ。特殊なプラスチックででき
　　　　いるの。
シ　ン：特殊なプラスチック？
ベ　ス：そう。紙よりも丈夫なので，長
　　　　く使うことができるの。
シ　ン：それはすごい。
ベ　ス：私はあなたたちが日本で使って
　　　　いる紙幣に興味があるの。それらも特
　　　　別なものよね？
シ　ン：どういう意味？
ベ　ス：素晴らしい絵が描かれているわ
　　　　ね。例えば，紙幣に描かれている富士
　　　　山の絵は，とてもきれいよ。
シ　ン：わあ，各国で使われている紙幣
　　　　について知るのは面白いね。

9

1 (1)**aイ　cエ　eウ**
(2)**イ**
(3)①case　②as
(4)③**live**
④necessary〔needed〕

解説

1 (1)a アヤから「地震は心配ですか？」と聞かれ、それに答えているので、**イ**の「はい、そうです。実は、心配です」が入る。c アヤの「それ（＝地震のときどうしたらいいかわからないこと）についてどうしたらいいでしょうか」という質問に答えているので、**エ**「外国人の最大の問題は言葉です」が入る。e 空所の後ろの対話を見ると、待ち合わせをしているのがわかる。e には「明日の午前中はどうですか」という意味の**ウ**が入る。

(2) because of 〜 で「〜のせいで」という意味。

(3)① in case of 〜 で「〜の場合」
② the same as 〜 で「〜と同じ」

(4)③ 空所を含む一文は「彼女（＝アヤ）はこのあたりに住んでいる外国の人たちを手伝いたいと思っている」。③の直前にある people who と直後の around here に着目すると、空所には動詞が入ることがわかる。

④ 空所を含む一文は「アヤと私（＝トム）は、この町には安全のためのもっと多くの写真が必要だと思っている」。本文18〜25行目参照。

（全文訳）
ア　ヤ：トム、今話してもいい？
ト　ム：問題ないよ。どうしたの？
ア　ヤ：ええと、昨晩見たテレビのニュースにとても驚いたの。それは、地震のせいで日本に住むのを恐れている日本にいる外国の人についてだったの。トム、それについてどう思う？
ト　ム：多くの外国の人は、自分の国で大きな地震を経験したことがないと思うよ。地震が起きたとき、どのように身を守るかを知っておくべきだね。
ア　ヤ：なるほど。トム、あなたはここでの地震を心配してる？
ト　ム：そうだね。実際、地震について心配しているよ。ぼくは学校や町内の避難訓練は経験したことがあるよ。ぼくは日本語が少ししかわからないから、日本で地震があったときにどうすればいいのかわからないよ。
ア　ヤ：わかるわ。日本に対して、あなたと同じような印象を持っている外国の人は多いと思うわ。どうしたらいいのかな？
ト　ム：言葉が一番の問題だと思うな。もし彼らが日本語をうまく理解できなければ、必要とするすべての情報を得られるわけではないからね。だから、緊急時の指示を示す絵がもっと必要なんだ。
ア　ヤ：誰もが簡単に理解できる標識が必要ということね？
ト　ム：その通り。美術の授業で習った「ユニバーサルデザイン」のようなものだね。
ア　ヤ：私もそう思うわ。日本語をうまく読めない人々の助けになると思うわ。
ト　ム：アヤ、町を一緒に歩かない？
ア　ヤ：いいわよ、だけど、どうして？
ト　ム：安全のために必要なものを見つけたいからだよ。
ア　ヤ：それはいいね！　日本語で書かれた重要な標識が読めないことを理解するべきね。それらを見つけるために町中を歩きましょう！

ト ム：明日の午前中はどう？　明日の
　　　ここは晴れで暖かいみたいだよ。
ア ヤ：いいわ。午前10時に学校の
　　　前で会いましょう。
ト ム：いいよ。ありがとう，アヤ。じ
　　　ゃあまたね。

第6日 説明文 ② ―環境問題―

▶pp.24～25

1 (1)①We can see them on the beach
②eat plastic bags because of the smell
③this will lead to a safer life
(2)**エ**

2 (1)①**エ**　②**ア**　③**ウ**
(2)**ウ**　(3)**ウ**

解説

1 (1)① can の後ろには動詞の原形 see がくる。
② because of ～「～のせいで，～のために」
③ I think の直後に文がくると考え，will の後ろに動詞の lead をつなげる。
(2) 第2段落の1～2文目は，「(ウミガメがレジ袋を食べてしまうのは，)レジ袋の見た目が原因なのかそれともにおいが原因なのか，わかりません」という意味。さらに，空所の後ろの文は「それは環境にも悪い」と続いている。このことから，**エ**の「レジ袋を捨てることは海の動物にとって危険だということ」が入ると自然な流れになる。

全文訳
　私はウミガメが大好きです。　私の町の浜辺で，私たちはそれらを見ることができます。でも，海の中のレジ袋を食べてしまうことで，たくさんのウミガメが死んでいます。なぜウミガメはレジ袋を食べるのでしょうか？　私の友人は「ウミガメはクラゲを食べるんだよ。レジ袋はクラゲに似ているんだ。」と言います。ところが，昨日インターネットで興味深い話を見つけました。それは，「海にはたくさんのレジ袋があります。ウミガメがレジ袋を食べるのは，そのにおいのためです。古いレジ袋の中には，ウミガメの餌のようなにおいがするものもあります。」というものでした。
　本当の答えは，レジ袋の見た目なのでしょうか，それともにおいなのでしょうか，私はわかりません。でも，レジ袋を捨てることは海の動物にとって危険だということはわかります。環境にも悪いです。レジ袋は使うべきではありません。このことは，将来，動物たちのより安全な暮らしにつながると私は思います。

2 (2) 先行詞は the trees で「物」。また，後ろが are なので，主格の関係代名詞が入る。
(3) **ウ**は本文5～6行目の記述に反する。

全文訳
　ここ日本にはたくさんの人々が住んでおり，私たちの暮らしで毎日たくさんの木が使われています。たとえば，私たちは家を建てたり，家具を作ったりするのに木が必要です。本や漫画や新聞のための紙を作るのにも木が必要です。
　私たちの生活の中で使われる木はどこからやってくるのでしょうか。日本国内の木もあれば，外国から輸入される木もあります。たくさんの木がたくさんの場所で切り倒されていますが，木を育てる

11

のは長い時間がかかるため，簡単ではありません。

あまりにもたくさんの木を切り倒すことで，いくつか問題が発生します。あまりにたくさんの木を切り倒すことで，地球上ではどのようなことが起こっているでしょうか。何か考えつきますか。木を切り倒すことで，私たちは動物たちが生活する場所を奪い取っています。すみかを追われた動物の中には死んでしまうものもあるでしょう。木を切り倒しすぎることで地球が温暖化してもいます。

入試実戦テスト pp.26〜27

1　(1)**エ**
(2)are using many things made of plastic
(3)**例**バナナの葉をより強くして，バナナの葉の皿を長く使うこと。
(4)**エ**
(5)**ア**

解説

1　(1) 空所を含む文の次の文を見ると，For example に続いてバナナの食べ方の例が載っているため，**エ**が正解。
(2) be 動詞 are と using があることから，現在進行形の文だと判断し，using の目的語に many things を続ける。things を made of plastic「プラスチックでできた」が後置修飾している。
(3) 下線部を含む文の次の文に solve the problem の詳しい説明が書かれている。make O C「O を C にする」の形が含まれていることに注意して日本語にすること。
(4) 空所 B を含む文を日本語にすると，「彼女はバナナの皮からプラスチックを作ることは簡単なので，だれでも　　B　　

だと言っている」という意味。自然な流れになるのは**エ**「それを家で作ることができる」が正解。
(5) 筆者が伝えたいことのまとめには，バナナの葉や皮を使ってプラスチックを削減しようとする人の話が取り上げられている。If you look around「周りを見渡すと」に続くのは**ア**「地球に良いものを作るための新しいアイデアが見つかるかもしれない」が正解。

（**全文訳**）
多くの人々はバナナが大好きです。世界中に様々な食べ方があります。例えば，ケーキやジュース，サラダ，そしてスープにさえバナナを入れる人がいます。バナナは健康にもとても良いし，他にも良いところがあります。実は，バナナはプラスチックの問題を解決してくれるかもしれません。

インドではバナナの葉を皿として使っている人もいますが，その皿は数日しかもちません。今日，他の国の人々と同じように，インドの人々もプラスチックでできたたくさんのものを使っています。例えば，彼らはプラスチックの皿を使います。その皿は使い終わった後，たいていは捨てられてしまいます。それが大きな問題になっています。ある日，インドの男の子がこの問題を解決することを決心しました。彼はバナナの葉をもっと強くして，バナナの葉の皿を長く使いたかったのです。彼はバナナの葉を研究し，ついに成功したのです。現在，プラスチックのゴミを減らすことができるようになったのです。

これだけではありません。トルコに住んでいる女の子は，石油から作られるプラスチックを減らしたいと思っていました。そして彼女は，世界で多くの人が捨てているバナナの皮に注目しました。そ

してついに，地球にやさしいプラスチックの作り方を見つけたのです。それを見つける以前，彼女は何度も家で試しました。そして，2年がかりで，プラスチックのようなものを作ることができました。彼女は，バナナの皮からプラスチックを作るのは簡単なので，誰でも家で作れると言います。

　バナナの持つ素晴らしさがわかっていただけたと思います。バナナは人気のある食べ物であると同時に，地球を救うこともできるのです。

第7日　図・グラフ ①

▶pp.28～29

1 イ
2 Yuka's plan：イ
　　Mary's plan：ウ
3 ①例you to stop your bike at the place
　　②例may have a traffic accident

解説

1 the end of the street「通りの終わり」→「通りのつきあたり」と考える。

(全文訳)
A：すみません。駅への道を教えていただけますか。
B：もちろんです。向こうの郵便局が見えますか。
A：あっ，はい。あれですね。
B：その角を右に曲がって，通りのつきあたりまで行ってください。すぐにわかりますよ。
A：ありがとうございました。

2 時間がかかりすぎるという理由で，2人ともバスは嫌だと言っているためエが外れる。由香は自身の2番目の発言で「飛行機で移動したい」「これが最短である」と言っている。この2つに当てはまるのはイ。そしてメアリーは最後の発言で「飛行機よりも安いからこれが一番いい」と言っている。よって，メアリーが選んだのはウ。

(全文訳)
メアリー：鹿児島に行くのがとても楽しみ。鹿児島行きのプランをいくつか見つけたよ。これを見て，由香。
由　香：見せて。これはとても安いね。でも，バスで行くとすごく時間がかかるね。
メアリー：そうね。10時間以上もバスに座っていたくないよ！
由　香：私は飛行機で旅行するのが好きなの。あ，飛行機で行く方法は2つあるのね。まあ，鹿児島まで一番短時間で行けるから，このプランが一番いいんだけどね。どう思う，メアリー？
メアリー：いいと思う，でも私はこのプランが一番いいと思うの。飛行機で行くより安いわ。

3 「止まれ」の道路標識の意味を英語で説明する。「(それは)その場所で自転車を停車させるように(伝えている，なぜなら)交通事故に遭うかもしれないから」といった内容をそれぞれ5語以上で表す。

(全文訳)
　この道路標識を見てください。この標識は赤で，日本語は白で書かれています。交通事故に遭うかもしれないので，その場所では自転車を停車させるようにこの標識は伝えています。今日は一日中晴れだといいですね！

1　(1)例X 寺　Y 言語　Z 生活様式
　(2)例2つの飛行機の間を，かば
　んを持っている人が歩いている
　様子。
　(3)ア，オ

解説

1　(1)X　亜希の最初の発言で「図Ａのピクトグラムは寺で見つけた」とある。
Y　亜希の２番目の発言の第２文に「それらを理解するのに言語に頼る必要はない」とある。
Z　亜希の２番目の発言の最終文に「もし人々が日本の生活様式を知っていると，理解しやすいものもあるかもしれない」とある。

(2)フレッドの３番目の発言で「２つの飛行機の間を，かばんを持っている人が歩いている」とある。問題文は「どのような様子が描かれていますか」と聞いているため，文末は「〜様子」と解答する。

(3)ア　「フレッドは日本人が家に入るときに靴を脱ぐことを知っている」フレッドの２番目の発言の最終文に一致。イ　「図Ｂのどのピクトグラムにも，何かしている人が何人かいる」そうでないものも含まれているため，誤り。ウ　「フレッドは亜希が手伝ってくれなかったため，図Ｂにあるピクトグラムのどれも理解できなかった」フレッドは「乗り継ぎ」のピクトグラムの右側のものを説明しているため，誤り。エ　「図Ｂには日本人の70％以上が選んだ温泉のピクトグラムがある」温泉のピクトグラムを見ると，日本人は多い方でも62.9％しか選んでいないため，誤り。オ　「フレッドは新しいピクトグラムを作ることは良い考え

だと思っており，亜希も賛成している」フレッドと亜希の最後の発言内容に一致。

(全文訳)

亜　希：図Ａのピクトグラムはお寺で見つけたの。

フレッド：そうなの？　図Ａには何を書いたの？　教えて。

亜　希：もちろん。ピクトグラムは言語に頼らずに理解できるので便利ね。日本人の生活様式を知れば，理解しやすいものもあるかもしれないわ。

フレッド：なるほど。ぼくもそう思うよ。図Ａのピクトグラムもその一つだよね。これは「靴を脱げ」という意味だと思う。日本人は家に入るときに靴を脱ぐからわかるんだ。

亜　希：そうね。図Ｂを見て。４組のピクトグラムがあるわ。日本人も外国人も，「それぞれの組の２つのピクトグラムは同じ意味です。それぞれの組から，より理解しやすいものを１つ選んでください」とたずねられたの。

フレッド：面白いね。あるピクトグラムでは，２つの飛行機の間を，かばんを持っている人が歩いているね。

亜　希：そうなの。外国人の70％くらいがそのピクトグラムを選んだわ。

フレッド：ぼくもそれがわかりやすかったよ。亜希，ぼくは人々の手助けになるような新しいピクトグラムを作りたいんだ。やってみない？

亜　希：そうね，やってみよう。

第8日 図・グラフ ②

▶ pp.32〜33

1 ウ
2 (1)イ
　　(2)ウ

解説

1 リサの発言「火曜日の気温は月曜日の気温よりも低くなるだろう」と，ユウジの発言「水曜日の気温は火曜日の気温より高くなるだろう」の2点から判断する。

（全文訳）

（今日は日曜日です。2人はニュースで天気を見ています。）

リ　サ：火曜日の気温は月曜日の気温より低くなるでしょう。

ユウジ：うん，でも，水曜日の気温は火曜日の気温より高くなりそうだね。

リ　サ：来週は暖かくなるといいね。

2 next to 〜「〜のとなりに」，in front of 〜「〜の前に」など，決まった表現を覚えておくとよい。

（全文訳）

(1) 駅を出たら，2ブロックまっすぐに進んでください。角に図書館があります。そこを右に曲がって，まっすぐに進んでください。そうすると右側に果物屋さんが見えます。通りを渡ってください。左側に花屋さんがあり，右側にはお寺があります。私の学校は花屋さんのとなりです。

問い：花子の学校はどこですか。

(2) 美保の家への道を説明します。彼女の家は平成高校から遠くはありません。地図を見てください。校門から出発します。図書館と公園の間を行きます。港通りまで行ったら右に曲がってくだ

さい。それから最初の角を左に曲がってください。彼女の家は右側にあります。角から2軒目の家です。

問い：美保の家は地図上のどれですか。

入試実戦テスト pp.34〜35

1 (1)①October　②August
　(2)　**A** (I have) never seen them since I (came to Aomori.)
　B (By the way, do you) know why we don't have (cruise ships in winter?)
　C (I think) people can find something to enjoy (in winter in Aomori.)
　(3)例 I live in Aomori city. It's famous for food and hot springs. You can eat delicious fish and relax there.

解説

1 (1)① グラフより，クルーズ客船が青森港にやって来たのは3月から10月までである。

② グラフより，5隻のクルーズ客船が来たのは8月である。

(2)A 「私は青森に来てから一度もお祭りを見たことがない」経験を表す現在完了の否定形は〈have never＋過去分詞〉。
B 「ところで，なぜ冬にクルーズ客船が来ないか知っていますか」do you know の後ろに「なぜ冬にクルーズ客船が来ないか」を間接疑問の形で付け加える。
C 「人々は冬の青森で楽しめることを見つけることができると思う」something to enjoy で「楽しめること」。

15

Left column

全文訳

ポール：このグラフを見て。これは 2016 年に青森港に入港したクルーズ客船の数を示しているよ。このグラフを見て，何か気づくことはある？

ダイゴ：そうですね，クルーズ客船が青森港にやって来たのは 3 月から 10 月までです。8 月に 5 隻のクルーズ船が青森港にやって来ました。

ポール：夏にはたくさんのお祭りが開催されるから，たくさんの人々がお祭りを見に来たんだ。私は青森に来てから一度もお祭りを見たことがないんだ。でも，やっと来週，お祭りを見ることができるよ。

ダイゴ：わあ。それはいいですね。一緒にお祭りを見に行きましょう。ところで，なぜ冬にクルーズ客船が来ないか知っていますか？

ポール：たぶん多くの人々が青森の冬の良い点を知らないのだろうけど，私は良い点をたくさん知っているよ。人々は冬の青森で楽しめることを見つけることができると思う。青森港には一年中クルーズ客船が来てほしいね。

ダイゴ：そうですね。冬の青森の良い点についてもっと多くの情報を観光客に伝えるために，インターネットが使えます。

ポール：それはいい考えだね。

Right column

第9日　資料・ポスター　①

▶ pp.36～37

1 (1)①tiger　②horse
　　③giraffe
　　(2)shows

2 (1)ア，エ　(2)ウ

解説

1 (1) 3 文目に「トラやライオンは，たいてい一日の半分以上寝ている」とあるため，①には tiger が入る。最終文には「キリンの睡眠時間は 5 種類の中で一番短い」とあるため，③には giraffe が入る。

全文訳

　動物は通常，一日にどのくらい眠るのでしょうか？　スライドには 5 種類の動物について，この質問に対する答えを示しています。トラやライオンは，たいてい一日の半分以上寝ています。キリン，馬，アフリカゾウはあまり長くは眠りません。キリンの睡眠時間は 5 種類の動物の中で一番短いです。

2 (1)ア　「その店は金曜日よりも火曜日のほうが早く閉店する」　レシート上部にある営業時間を見ると，火曜日の閉店時間は 17：30，金曜日の閉店時間は 21：00 であるため，火曜日のほうが金曜日よりも早く閉店する。

イ　「その女性がどれくらい長くその店にいたかがわかる」　レシートからわかるのは会計した日時のみ。

ウ　「彼女はアメリカにある店に行った」　レシートの上から 2 行目に店の住所があり，オーストラリアの店だとわかる。

エ　「白いシャツはカバンより安い」白いシャツは 2 枚で 39.98 ドルなので 1 枚

は約 20 ドル。バッグは 1 つ 24.99 ドルなので，白いシャツ 1 枚のほうがバッグより安い。

(2)「彼女が買った洋服は 2021 年の（　　）に返品できる」購入日から 1 か月以内なら返品・交換できると記載があることから，**ウ** が正解。

入試実戦テスト pp.38〜39

1 (1)例妹の誕生日を祝うこと。
　(2)**ア**　(3)**イ**　(4)**ウ**

解 説

1 (1) ジュディーは 2 番目の発言で「どんな計画？」と真美に聞いている。その次の真美の発言に，妹の誕生日を祝うと書かれている。

(2) 空所①を含む真美の発言に，「開園時間にパークに着きたい」「車で 90 分かかる」と書かれている。そして真美の妹の誕生日は日曜日であることから，日曜の開園時間である午前 9 時に間に合うように家を出るには 90 分前の午前 7 時 30 分に家を出る必要がある。

(3) 真美の発言から，パークに行くのは真美，母，父，妹のユミ，そしてジュディーの 5 人であることがわかる。真美とジュディーは 15 歳で，真美の妹のユミは 10 歳であるため，15 歳以上のチケットは父，母，真美，ジュディーの 4 枚で 4,000 円，7 歳〜12 歳のチケット 1 枚で 500 円かかる。そして料金表の下に「4 人以上の団体は合計の料金から 500 円引き」とあるため，支払う金額は 4,000 円となる。

(4) **ア** 「来場者は 4 歳であれば無料で入ることができる」料金表の下に，無料なのは 2 歳以下であると記載があるため，誤り。

イ 「来場者は花火を見終わったあとにレストランを使うことができる」
Activities & Events の表で，花火は週末のみで午後 7:30 に終了するとわかる。また，週末の閉園時間は午後 8 時で，ウェブサイトの一番下にレストランは閉園の 1 時間前に閉まるとあるため，花火のあとにレストランを使うことはできない。

ウ 「ジュディーと真美は大人がいなくてもプールを使うことができる」
Activities & Events の表から，12 歳以下は大人の同伴が必要とある。しかし，真美もジュディーも 15 歳であるため，2 人だけでプールを使うことができる。

エ 「ジュディーは真美にユミのために特別な計画を立ててほしいと頼んだ」
本文中にそのような記載はない。

全文訳

ジュディー：このウェブサイトを見て。ひなたファミリーパークは知ってる？

真　美：うん。すごく楽しいわよ。ああ，このパークは私の計画に最適だわ！

ジュディー：どんな計画？

真　美：妹のユミは今度の日曜日で 10 歳になるの。その誕生日に特別な計画を考えているのよ。ユミの誕生日にみんなで一緒に行かない？

ジュディー：いい考えね。当日は何時に家を出ようか？

真　美：開園時間に着きたいわ。車で 90 分かかるから，朝 7 時 30 分までには家を出ないとね。

ジュディー：なるほど。ねえ，入場料はいくら必要かな？

真　美：ええと，私はママとパパとユミ，そしてあなたと行くわ。私たちは 15 歳だから，合計で 4,000 円よね？

ジュディー：そうね。この計画なら，きっとみんな喜んでくれるわ。

▶pp.40〜41

1 ①in front　②take off
　　③come(become) true

2 (1)ア　(2)ウ

解説

1 ① イラスト左の掲示板に,「料金所は門の前にある」と書かれているため, in front of the gate にする。

② イラスト左の掲示板に,「土足厳禁」とあることから, take off 〜「〜を脱ぐ」を入れる。

③ イラスト右の掲示板に「願い事や夢がかなうかも」とあるので, come true「(願い事などが)かなう」を入れる。

（全文訳）
A：すみません。ちょっと助けてくれませんか?
B：もちろんです。何にお困りですか?
A：野路菊城に行きたいのです。この掲示はどんな意味ですか?
B：ええと…。まず, 門の前で料金を払う必要があります。
A：600 円ですよね?
B：そうです。城の中に入るとき, 靴を脱がなくてはなりません。そこで着物を着て写真を撮ることができますよ。
A：やってみたいです!
B：見てください, あそこに別の掲示があります。もしハート形の石を見つけることができたら, いつか夢がかなうかもしれませんよ。
A：すてきですね。探してみます。ありがとうございます!

2 (1)2 つ目の◆に「開始時間の 15 分前に来るように」とあるため, 開始時間の午後 1 時の 15 分前である**ア**午後 12 時 45 分が正解。

(2)**ア**　1 つのプログラムしか選べないため, 不適。**イ**　最後の◆に日本人も参加できると書かれてあるため, 不適。**ウ** 3 つから 1 つのプログラムを選ぶことができるため, **ウ**が正解。**エ** 3 つ目の◆に, そば打ちには 300 円必要だと書かれてあるため, 不適。

（全文訳）
信州市まつり
日にち：5 月 3 日
場所：信州市役所
時間：午後 1 時から
ルーム 1：そば打ち
ルーム 2：折り紙
ルーム 3：日本の歌を歌おう
◆1 つのプログラムしか選べません。
◆開始時間の 15 分前に各ルームに来てください。
◆そば打ちに参加する場合に限り, 300 円必要です。
◆日本人もプログラムに参加できます。

入試実戦テスト pp.42〜43

1 (1)**A ウ　B イ　C ア**
　　(2)①enjoying　②seen
　　(3)They clean it for
　　fifteen minutes
　　(4)**エ**

解説

1 (1)A 音楽の授業のことについて言っている。時間割から, 水曜日の音楽の授業は社会と英語の間なので**ウ**が入る。B 昼食の前には授業が 4 時間あることから, **イ**が入る。C 掃除の時間は昼食の時間のあとなので**ア**が入る。

(2)① 直前で,「国語と社会は難しいけれ

ど面白い」と言っているため，その２つの教科を楽しんでいると言える。enjoy を現在進行形にする。②「それ（＝掃除の時間）を見たことがない」という意味になるよう，seen を入れる。経験を表す現在完了形。

(3) 質問は「毎日，生徒たちはどれくらいの時間掃除をするか」。時間割から15分間掃除していることがわかる。主語 the students を代名詞 they にして答える。

(4) **ア** 「アレックスは１時間目のあいだにお腹がすくので，１時間目が好きではない」 アレックスがお腹がすくのは４時間目なので，誤り。

イ 「アレックスは火曜日に美術，水曜日に数学の授業がある」 時間割を見ると，水曜日に数学はないので，誤り。

ウ 「ケイトはアレックスが知らなかったニュースについて話しはじめた」 アレックスの最後の発言で，「ぼくもそのニュースを覚えている」 と言っているため，誤り。

エ 「ケイトはアレックスがロンドンにある彼女の家を一緒に掃除してくれるといいなと思っている」 ケイトの最後の発言と一致。

(全文訳)

アレックス：これはぼくの学校の時間割だよ。

ケイト：へえ，たくさん授業があるのね。どの科目が一番好き？

アレックス：音楽が一番好きだな。時間割では，水曜日に社会と英語の間にあるよ。

ケイト：なるほど。私が学生時代に大好きだったのは美術よ。他の授業はどう？

アレックス：国語と社会はちょっと難しいけど面白いから，楽しんでいるよ。

昼食前に４つ授業があるのはちょっと大変なんだ，４時間目にお腹がすいてしまうから。

ケイト：そうなの？　午後はほかに２時間授業があるわね。あ，昼食のあとの掃除の時間ってなに？　ここロンドンの時間割ではそんなの見たことないんだけど。

アレックス：生徒は全員，学校の教室や他の場所を掃除するんだ。

ケイト：そうなの？　あなたの学校では清掃員は必要ないのね。あ，そうだ。こんなニュースを覚えているわ。外国でサッカーの試合が終わったあと，日本人がスタジアムを掃除していたの。本当にびっくりしたわ。

アレックス：ぼくもそのニュースを覚えているけど，今はそれほど驚かないよ。掃除は彼らの大切な習慣だから，公共の場を掃除するのは彼らにとってそれほど特別なことではないと思うよ。

ケイト：いい習慣ね。帰ってきたら，私の家も一緒に掃除してほしいわ！

▶pp.44〜47

1 ①例to stay longer
②例to cook foreign dishes

2 (1)ア (2)イ

3 (1)ⓐウ ⓑカ ⓒオ
(2)How many languages are there around the
(3)例多くの中国の高校生たちが，兄よりも上手に英語を話すことができた(**31字**)
(4)例(Because) some Japanese people can't understand him when he speaks to them in English.
(5)ア

解説

1 ① 直前の文は「私たちは去年一泊しましたが，14人の人は去年よりも□□したいと思っている」という意味。表を見ると，2泊3日と3泊4日の数を足した数字が14人である。つまり，「去年よりももっと長く滞在したい」という意味になる to stay longer が入る。
② ブラウン先生の最後の発言で「2つの活動が3位に入っています。その2つのうちの1つを加えませんか？」と言っている。3位の2つは「英語で劇をする」と「海外の料理を作る」。そして空所②の後ろには to eat something special があることから，「海外の料理を作る」という意味の to cook foreign dishes などを入れる。

（全文訳）

ブラウン先生：由美，英語キャンプの企画をしてるの？

由　美：はい。去年，私たちのクラブの多くのメンバーがこのキャンプに参加して，とても楽しみました。だから，今年はもっと面白いものにしたいんです。

ブラウン先生：それはいいね。

由　美：私たちは去年は1泊でしたが，表1を見て下さい。14名が昨年よりもっと長く滞在したいと希望しています。

ブラウン先生：まあ，すごい。みなさん本当にキャンプが好きなんですね？

由　美：そうなんです。今，英語キャンプのアクティビティを考えているところです。表2を見てください。一番人気があるのは，英語でディベートをすることと，英語でゲームをすることです。だから，この2つのアクティビティはすでに計画済みです。そこにもう1つ追加したいんです。

ブラウン先生：2つのアクティビティは，どちらも3位にランクインしていますね。どちらか1つを加えてはどうでしょうか？

由　美：はい。みんなで協力して，何か特別なものを食べる機会がもてるので，外国の料理を作ることを計画してみます。

2 (1)「もしこの町に□□日間さえ滞在すればすべてのイベントに行くことができる」表を見ると，アイスホッケーとスキージャンプは24日と25日の計2日間必要だが，冬のバードウォッチングは22日〜28日の朝に開催されているため，合計2日間のうちの朝にバードウォッチングに行けばすべてのイベントに参加することができる。

(2) 「中学生の女の子は父親と母親と一緒にこの町の駅の近くのホテルに滞在している。もし彼らがスキージャンプトーナメントにバスで行きたい場合，彼らは□□払うだろう」中学生1人と大人2人のチケット代は 700＋1,500＋1,500 で 3,700 円である。彼らは駅の近くのホテルに滞在しており，駅から会場までのバス代は無料で済む。

全文訳
★12月第4週のイベント情報
冬のバードウォッチングツアー
（西野湖）
22日〜28日
7:00-8:30　プロのガイド付！
アイスホッケートーナメント
（さんしろスタジアム）
24日
15:00-17:00
有名な選手がたくさん出場します！
スキージャンプトーナメント
（北山ジャンプスタジアム）
25日
13:00-16:00
国際的なトーナメントです！
★駅と会場間のバスは無料です。（所要時間30分）
★各会場に車で行く場合，駐車場に500円必要です。
チケット代（各イベント）
大人（16歳以上）　1,500円
子供（12歳〜15歳）　700円
子供（0歳〜11歳）　0円

3 (1)ⓐ 世界中に言語が約 5,000 もあると聞いて驚いている。
ⓑ 直後のリーの発言から，オーストラリアの生徒が中国に来た理由をたずねたことがわかる。
ⓒ 直前の明子の発言に対して「心配しないで」と励ましている。

(2) 「世界中にはいくつの言語があるか」という意味の文にする。
(3) 明子の心配の内容は，下線部の後ろで述べられている。
(4) 明子の最後から2番目の発言の「ブラウン先生が同じことを言っていた」の内容を答えればよい。この「同じこと」とはその直前のリーの発言のことなので，それを参考にして英文を作る。
(5) ア　リーの6〜7番目の発言の内容に一致する。
イ　明子の最後から2番目の発言の内容に反する。
ウ　リーの最後から2番目の発言から，英語ではなく日本語を話していることが読み取れる。
エ　そのような記述は本文中になく，またリーの3番目の発言や同じくリーの最後の発言などから，明子の英語での会話には特に問題はないことも読み取れる。

全文訳
明　子：何を読んでいるの？
リ　ー：言語についての本だよ。質問があるんだ，明子。世界中にはいくつの言語があるでしょうか。
明　子：うーん，日本語，英語……。100 くらい？
リ　ー：いや，約 5,000 だよ。
明　子：わあ！　信じられないわ！　異なった母語をもつ人はどうやってお互いを理解できるのかしら？
リ　ー：きみとぼくも，異なった言語を話しているけど，英語でお互いに理解できるよね。
明　子：そのとおりね。英語を学ぶことは大切だと本当に思うわ。
リ　ー：ぼくもそう思うよ。えーと，来年修学旅行で中国に行ったら，きみは中国の人たちと英語で話すんだろうね。
明　子：そうよ。私はそれが心配なの。

2年前に兄が修学旅行でそこへ行ったのよ。彼は高校を訪問して，そこの生徒たちと話をしたの。家に帰ってから，彼は「ぼくが中国で会った多くの高校生は，ぼくよりも上手に英語を話すことができた」と言っていたわ。

リ　ー：でも，きみも英語は上手だよ。

明　子：いいえ。私はあなたほど上手に英語を話せないわ。あなたは一生懸命英語を勉強したんだと思う。

リ　ー：ぼくは，学校と家で英語を一生懸命勉強したんだ。

明　子：家で？　どうやって家で英語を練習したの？

リ　ー：オーストラリア出身の少年が1年間，ぼくの家に滞在していたんだよ。それでぼくたちはお互いに母語を教え合ったんだ。

明　子：あなたは運がいいのね。彼はどうしてあなたの国にやって来たの？

リ　ー：彼が学校で中国について勉強したとき，彼は中国で中国の文化と言語を学びたいと考えたんだ。

明　子：なるほど。あなたが日本にやって来たとき，あなたは日本語をあまり上手に話せなかったけど，今では話せるわね。

リ　ー：ぼくは日本語を一生懸命勉強してきたよ。日本の人々の中には，ぼくが英語で話しかけるとぼくの言うことを理解できない人がいるんだ。

明　子：ブラウン先生も英語の授業中に同じことを言っていたわ。だから，彼も日本語をとても熱心に勉強しているのね。

リ　ー：今では彼は，学校でほかの先生方と日本語で話をしているね。ぼくも日本語を練習するために彼と日本語で話をするんだよ。

明　子：それはいいことだわ。私は来年中国人の生徒たちと話をするために，もっと一生懸命に英語を勉強しないといけないわね。

リ　ー：心配しないで。きみはいつもぼくと英語で話をしているんだから。

メモ